W0320613

Thomas Vanek
mit Thomas Mudri und Christian Schleifer

DAS SPIEL MEINES LEBENS

Thomas Vanek
mit
Thomas Mudri und Christian Schleifer

DAS SPIEL MEINES LEBENS

ecoWIN

Thomas Vanek
mit Thomas Mudri und Christian Schleifer
Das Spiel meines Lebens

FSC
Mix
Produktgruppe aus vorbildlich bewirtschafteten Wäldern
und anderen kontrollierten Herkünften

Zert.-Nr. SGS-COC-004295
www.fsc.org
© 1996 Forest Stewardship Council

Das für dieses Buch verwendete FSC-zertifizierte Papier
EOS lieferte Salzer, St. Pölten

Umschlagidee und -gestaltung: **kratkys.net**

1. Auflage
© 2010 Ecowin Verlag, Salzburg
Lektorat: Dr. Arnold Klaffenböck
Coverfoto: Thomas Vanek im Spiel
gegen die Carolina Hurricanes
Gesamtherstellung: www.theiss.at
Gesetzt aus der Sabon
Printed in Austria
ISBN 978-3-902404-83-1

1 2 3 4 5 6 7 8 / 12 11 10

www.ecowin.at

Es ist schon erstaunlich, was Thomas Vanek – einer *der* internationalen Top-Stars Österreichs – zu bieten hat. Seine Karriere und sein außergewöhnlicher Stellenwert sind in Österreich fast ungreifbar. Trotzdem ist er am Boden geblieben und kämpft weiter für sein großes Ziel: den Stanley Cup.

Thomas Muster

Es gibt momentan eh nur zwei Österreicher, die international was bewegen: Unseren Gouverneur Arnold Schwarzenegger und Thomas Vanek, das war's dann auch schon. Leider findet Vanek in Österreich nicht die Anerkennung, die ihm gebührt.

Hermann Maier

Vanek verließ seine Heimat Österreich als 14-Jähriger, um in den Vereinigten Staaten zu spielen und ist seitdem ein überaus erfolgreicher Torjäger.

USA Today

Thomas Vanek ist der Scharfschütze der Sabres.

The New York Times

Inhaltsverzeichnis

Gewidmet meinen Eltern,
die mich immer ermuntert haben,
meine Träume zu verwirklichen.

Handelnde Personen

Thomas Vanek
Ashley Vanek: Ehefrau
Blake Thomas: Sohn
Jarmila und Zdeněk Vanek: Eltern
Lindy Ruff: Trainer, Buffalo Sabres
Darcy Regier: General Manager, GM, Buffalo Sabres
Herwig Straka: Manager
Steve Bartlett: Agent und Mentor
Rick Jeanneret: TV-Kommentator
Ryan Miller: Tormann, Buffalo Sabres
Craig Rivet: Kapitän, Buffalo Sabres
Derek Roy: Spieler, Buffalo Sabres
Tim Connolly: Spieler, Buffalo Sabres
Patrick Kaleta: Spieler, Buffalo Sabres
Jochen Hecht: Spieler, Buffalo Sabres
Daniel Paille: Spieler, Buffalo Sabres
Jaroslav Špaček: Spieler, Buffalo Sabres
Aleš Kotalik: Spieler, Buffalo Sabres
Teppo Numminen: Spieler, Buffalo Sabres
Joe Pawelski: Spieler, San Jose Sharks
Patrick Marleau: Spieler, San Jose Sharks
Evgeni Nabokow: Goalie, San Jose Sharks
Mike Grier: Spieler San Jose Sharks, aktuell Buffalo Sabres
Chris Drury: Ex-Spieler, Buffalo Sabres
Daniel Brière: Ex-Spieler, Buffalo Sabres

Prolog

Freitag, der 13. Februar 2009. Einen Kilometer von meinem Haus entfernt ist heute Nacht ein Flugzeug abgestürzt. Direkt auf ein Einfamilienhaus. 50 Menschen haben ihr Leben verloren.

Meine Gedanken rasen – kaum einer, den ich festhalten kann. Dutzende monoton blinkende Lichtkegel von Rettungs-, Polizei- und Feuerwehrautos, die Rauchwolke, der Geruch von Kerosin in der kalten Nachtluft. Der Schock, dass sich diese Tragödie vor ein paar Stunden unweit unseres Hauses zugetragen hat, lässt sich nicht in Worte fassen.

Die HSBC Arena von Buffalo ist trotzdem wie immer bis unter das Dach gefüllt. Randvoll. Knapp 19.000 Menschen singen ihre Chöre, rufen unsere Namen. Ich stehe im Spielertunnel, der zum Rink führt. Einige meiner Mitspieler leben noch näher an der Unglücksstelle als ich. Der Verein und die Liga haben überlegt, die heutige Partie gegen die San Jose Sharks abzusagen. Nach anfänglichem Zögern haben sich die Verantwortlichen jedoch entschieden, das Spiel durchzuführen. Ist das unmoralisch oder geschmacklos? Ich denke nicht. Bucky Gleason, ein Kolumnist der „Buffalo News", hat Folgendes geschrieben: „Die NHL-Bosse haben überlegt, das Spiel zu verschieben. Guter Gott, nein! Dieses Spiel wird an diesem Abend mehr als alles andere benötigt. Dieses Team ist ein gesellschaftliches Juwel. Es bringt die Menschen zusammen und macht Buffalo zu einer verschworenen Gemeinde. An diesem Abend bieten die Sabres eine Flucht aus der wirklichen Welt."

Schweigeminute

0.00: „At this time we ask that you stand for a moment of silence to respect those we've lost in the tragedy of flight 3407."

Hallensprecher der HSBC Arena in Buffalo

Mein zugenähter Mund zieht und schmerzt. Sechs Tage ist es her, dass mich im Spiel gegen die Ottawa Senators ein Schlagschuss von Anton Volchenkow im Gesicht getroffen und meinen rechten Kiefer zertrümmert hat. Tags darauf die Operation unter Vollnarkose. Um den Heilungsverlauf anzukurbeln, haben mir die Ärzte den Mund zugenäht. An Reden ist nicht zu denken. Ausgerechnet bei diesem so emotionalen Spiel heute gegen die San Jose Sharks kann ich nicht am Eis sein und muss meinen Kollegen von der Tribüne aus die Daumen drücken.

Vor Spielbeginn bin ich bei meinen Mitspielern in der Kabine. Die ganze Stadt steht zueinander und bei uns Spielern ist es nicht anders. Egal, welche Nationalität – jeder wirkt mitgenommen von den tragischen Ereignissen der letzten Nacht. Teppo Numminen, unser Abwehr-Oldie aus Finnland, ist einer von denen, die noch näher an der Unglücksstelle wohnen als ich. „Ich bin schon im Bett gelegen, als der Flieger so tief über mein Haus geflogen ist, dass ich schon hören konnte, dass da etwas nicht in Ordnung ist. Dann war da gleich ein lauter Kracher", erzählt Teppo. „Als ich vor meine Haustüre gegangen bin, habe ich den Feuerball und die Flammen gesehen."

Jaroslav Špaček aus Tschechien hat zuerst nur die Feuerwehr- und Polizeisirenen gehört und geglaubt, es handle sich um einen Verkehrsunfall. „Dann habe ich aus dem Fenster geschaut, die Flammen gesehen und es mit der Angst zu tun bekommen." Auch unserem Backup-Goalie Patrick Lalime aus Kanada sitzt der Schreck noch in den Gliedern. Sein Schwager war gerade auf dem Weg zu ihm, als der Flieger vom Himmel fiel: „Er ist ins Haus gerannt und war total verängstigt. Wir sind sofort vor die Türe und haben nur mehr den Feuerball gesehen", erzählt Patrick.

Unser Trainer Lindy Ruff, bekanntlich das genaue Gegenteil eines Weichlings, ist von dem Unglück ebenfalls tief betroffen. Statt einer Spielbesprechung kann sich heute jeder im Team seine Gefühle von der Seele reden. Der Coach meint, dass es ein unheimlich trauriger Tag für die ganze Stadt sei und dieses Unglück viele Leute erschüttere. „Was in der Nacht passiert ist, ist viel größer als unser Sport. Machen wir uns nichts vor. Nichts ist wichtiger als das Leben, das wir führen, die Kinder, die wir aufziehen, unsere Freunde und die Gemeinschaft, die wir mit den Menschen in dieser Stadt teilen."

Gerade deswegen wollen heute alle gewinnen – oder wenigstens alles geben. Wir wollen dafür sorgen, dass die Leute ihre Bilder an das Unglück vorübergehend vergessen, möchten sie einen Abend lang unterhalten, sie ablenken. Wie bei jedem Spiel kommen in der Halle Menschen aus den verschiedensten Gesellschaftsschichten zusammen. Egal, ob Banker oder Bauarbeiter, in ihrem Leid sind alle vereint. Genauso wie in ihrem Jubel, wenn uns heute ein Tor gelingt. Nirgendwo sind die Menschen gleicher als am Sportplatz.

Gleich geht's los. In den Augen meiner Teamkollegen sehe ich die Anspannung. Heute will jeder dabei sein, am Eis sein Letztes geben. Sogar Jaro Špaček ist ruhiger als üblich. Die Reporter lieben ihn für seine Interviews. Jaro ist immer gut drauf und hat oft witzige Sager parat. Wahrscheinlich mögen ihn die Journalisten, auch weil sein Englisch – wie soll ich es sagen – ein bisschen komisch klingt. Unser Goalie, Ryan Miller, ist stoisch ruhig wie immer. Seine Augen glasig, das Kinn erhoben, der Blick zur Decke gerichtet. Das ist bei ihm bei jedem Spiel so. Er ist „in the zone", nur mehr auf das Spiel konzentriert. Ryan ist einer der besten

Der Eingang zum Allerheiligsten der HSBC Arena. Die Tür unserer Umkleidekabine.

Goalies der Welt und wir sind alle heilfroh, dass er in unserem Team und nicht beim Gegner spielt. Ein starker Goalie kann Spiele im Alleingang gewinnen. Ryan hat das schon des Öfteren für uns getan.

Aus der Hi-Fi-Anlage in der Umkleidekabine kommt leise und gedämpfte Musik. Normalerweise gibt's da laute, stampfende Rhythmen, um die nötige Aggressivität aufzubauen. Die Musik wird immer von einem anderen Spieler ausgesucht, der seinen iPod einstöpselt und loslegt. Keine Ahnung, wer heute dran war. Die Auswahl passt auf jeden Fall. Pearl Jam. „Alive".

Noch in der Kabine suche ich die Nähe zu Tim Connolly und Derek Roy, den beiden Centern, mit denen ich am Eis am häufigsten zusammengespannt bin, und klopfe ihnen freundschaftlich auf die Schulter. Inzwischen sind alle Spieler von ihren Plätzen aufgestanden und bereit, aufzulaufen. Ich nicke meinem Freund Aleš Kotalik noch zu und verlasse dann den Kreis meiner Mannschaftskollegen. Ich möchte zu Spielbeginn oben in der Spielerbox sein. Auf dem Weg aus der Kabine komme ich an dem Kasten vorbei, in dem die Stöcke der Spieler griffbereit parat stehen. Reflexartig greife ich zu meinem „Warrior"-Schläger und stelle ihn gedankenverloren wieder zurück. Ich werde ihn heute nicht brauchen. Wehmütig drücke ich die schwere, verchromte Kabinentür mit dem Sabres-Logo auf. Am Gang vor der Kabine warten einige Journalisten. Sie wollen ein Statement von mir. Ich zeige auf meinen angeschwollenen Kiefer, schüttle den Kopf und marschiere Richtung Tiefgarage.

Nach circa 50 Metern gabelt sich der Weg. Rechts geht es zur Tiefgarage, wo mein Land Rover parkt. Links führt der Weg vorbei an einem Security-Mann in den öffentlichen Bereich und zu einem Aufzug, der mich direkt in den zweiten Stock bringt. Ich nicke Stan zu, der mich durch die Sicherheitstüre schleust. Inzwi-

Vor der Sabres-Kabine hat jeder Spieler seine eigene Ablage für die Schläger. Die Nummern entsprechen unseren Trikotnummern und verhindern Verwechslungen der Stöcke.

schen sind alle Fans in der Halle. Ich habe den Aufzug für mich allein. Jeder, der zum ersten Mal die HSBC Arena betritt, fühlt sich eher wie in einem Hotel; kein Vergleich zu den sterilen und rein funktionalen Hallen in Europa. Nach wenigen Sekunden öffnen sich die Aufzugtüren. Ich schlendere Richtung Spielerboxen, linker Hand vorbei am offenen TV-Studio von MSG Buffalo. Während der Spielpausen analysieren Kevin Sylvester und Mike Robitaille dort die Matches. Fünf Meter davor drängen sich die Fans – ebenfalls unvorstellbar in Europa. Aber hier läuft alles friedlich und in geregelten Bahnen ab. Family entertainment at its best.

Ein Blick nach rechts und ich sehe die grell erleuchtete Eisfläche. In der Mitte ist das Original-Logo der Buffalo Sabres ins Eis eingelassen. Die Fans lieben die gekreuzten Säbel über dem Büffel. Im Gegensatz zum neuen Logo des stilisierten Büffels, der – wie einige Fans meinen – eher aussieht wie eine rasende Banane mit Hörnern oder eine Schnecke auf der Flucht. Als Spieler habe ich da keine Präferenzen, mir gefallen beide Motive. Das alte Logo am Eis ist eine Konzession an die Treue der Fans, genauso wie unser Extra-Jersey, auf dem ebenfalls groß das ursprüngliche Logo mit den gekreuzten Säbeln prangt.

Nur noch wenige Augenblicke bis zum ersten Bully. Die Fans sind jetzt schon bedeutend ruhiger als noch vor fünf Minuten. Die „Let's go Buffalo"-Chöre sind verstummt, die Leute haben Platz genommen. Ich gehe die letzten Meter zu den Spielerboxen, die durch eine rote Kordel vom Rest des Publikums getrennt sind. Sonst gibt es keine Abgrenzungen. Die Familie ist bereits an einem der kleinen Tische versammelt: meine Frau Ashley, meine Mutter und mein Vater. Ich nehme Platz und Ashley legt ihren Arm um mich.

Zuerst läuft die Gastmannschaft aufs Eis. Keine Pfiffe. Das Publikum verhält sich vollkommen ruhig. Die Leute wollen heute einfach ein gutes Eishockey-Match sehen. Dann kommt unser Team. Der Hallensprecher versucht ein Stück Normalität in die angespannte Atmosphäre zu bringen: „Ladies and Gentlemen – here are your Buffalo Sabres!“ Üblicherweise dröhnt dazu „Desire“ von U2 aus den Lautsprechern, heute sind es tonlose Lichtkegel, welche die Stars am Eis einfangen. Nach ein paar Proberunden bleiben von jedem Team nur mehr die Starting Five am Eis.

Der Hallensprecher bittet die Leute, sich für die Nationalhymnen Kanadas und der USA zu erheben. Buffalo liegt ja in unmittelbarer Nähe zur kanadischen Grenze. Von der Halle sind es mit dem Auto gerade mal vier, fünf Minuten zur Peace Bridge und dem Grenzübergang. Deshalb werden in Buffalo seit jeher beide Hymnen gespielt. Und das Publikum singt bei beiden Hymnen mit. Eigentlich auch kein Wunder, kommt ein erheblicher Teil der Fans allabendlich aus Kanada über die Grenze zu den Sabres-Spielen.

Dann verlöschen die Lichter in der Halle, selbst am riesigen Video-Würfel – oder Jumbotron, wie die Amerikaner dazu sagen –, der unter dem Hallendach hängt, wird es finster. Nur die Notbeleuchtung bleibt an. „At this time we ask that you stand for a moment of silence to respect those we've lost in the tragedy of flight 3407. Our thoughts are with all the family members and loved ones involved.“

Mit einem Ruck erheben sich 19.000 Menschen. Man könnte die sprichwörtliche Stecknadel fallen hören. Ich schaue auf die Spielerbank hinunter. Sabres- und Sharks-Spieler stehen mit gesenkten Köpfen. Ich bin mir nicht sicher, aber ich glaube zu erkennen, dass einige der Spieler leise Gebete murmeln. Die Stimmung ist gespenstisch. Das gedämpfte Licht, eine Mischung aus Stille und Spannung. Ich schließe die Augen und höre mein Herz klopfen.

Nach einer Minute gehen die Lichter in der Halle wieder an, die Menschen nehmen Platz. Vom Eis kommt das Kratzen der Kufen, Spieler schlagen mit ihren Stöcken auf die gefrorene, spiegelglatte Eisfläche. Die Goalies rauen das Eis vor ihrem Tor mit den

Schlittschuhen auf, nehmen noch einen Schluck aus ihren Trinkflaschen.

Es ist 19.38 Uhr. Auf diesen Moment wartet Buffalo seit Stunden. Alles konzentriert sich auf die zwölf Spieler am Eis und die kleine Hartgummischeibe. Exakt 18.690 Menschen sind in der Halle, Hunderttausende schauen daheim oder in einer Bar gespannt auf den Fernsehbildschirm. In Gedanken bin ich bei meinen Teamkollegen. Ich kann mich in jeden Einzelnen hineinversetzen. Ich weiß, wie Tim Connolly denkt, während er auf seine erste Einwechslung wartet, ich spüre die Kraft, wenn Backup-Goalie Lalime mit jedem Spieler nach einem Wechsel abklatscht, wie Coach Ruff zu Beginn noch stoisch ruhig hinter der Spielerbank steht und, einem General gleich, die Marschroute ausgibt. Ich kann die Anspannung spüren und den Teamgeist, der im Eishockey so ausgeprägt ist wie in keiner anderen Sportart. Eishockey ist der schnellste Sport der Welt, aber auch einer der anstrengendsten. Länger als eine Minute kann man am Eis kaum Vollgas geben. Dann muss man wieder raus – und hat Zeit, die letzte Minute mit seinen Linienkollegen zu besprechen. Das schweißt zusammen. Und am Ende des Tages soll für alle Zuschauer in der Halle heute ein Erlebnis stehen: dass diese Stadt zusammenhält, dass wir – die Buffalo Sabres – heute Abend alles für die Fans geben, um ihnen einen ablenkungsreichen Abend zu bescheren.

An der Mittellinie stehen Derek Roy und Joe Pawelski einander gegenüber. Der Referee wirft noch einen Blick auf die Matchuhr am Jumbotron hoch über dem Eis, nickt seinen Assistenten ein letztes Mal zu und wirft den Puck ein.

Game on!

Million Dollar Man

0.32: „Back to the point it comes. Here's the shoooooot and Nabokov's got it and hangs on with plenty of traffic."

Rick Jeanneret, TV-Kommentator

Das Spiel ist noch keine Minute alt und schon geht es richtig zur Sache. Zuerst räumt der 1,68 Meter „große" Nathan Gerbe, mein Ersatz am linken Flügel, San Joses Ryane Clowe mit einem Check geschickt aus dem Weg. Unser Kapitän Craig Rivet zögert keine Sekunde und jagt den Puck mit einem Schlagschuss Richtung gegnerisches Gehäuse. Zwar gelingt es nicht, unseren Fans gleich in der ersten Minute ein Tor zu schenken, aber diese Entschlossenheit ist ein Statement, der Beweis, dass wir heute von der ersten Sekunde an bedingungslosen Einsatz zeigen. Die Fans merken sofort, dass unser Team von Anfang an „da" ist, und intensivieren, einem Echo gleich, ihre Anfeuerungen. Mein Blick fixiert den obersten Rang der Arena. Knapp unter dem Hallendach fiebern wie immer einige unserer treuesten Fans mit. Wie in europäischen Fußballstadien werden dort an der Wand Transparente angebracht. Ich lese „Vanek Attack" und bekomme Gänsehaut.

Manchmal kann ich selbst kaum glauben, dass ich Woche für Woche im Kreis der Besten mit von der Partie bin. Als ich vor elf Jahren als 14-Jähriger am Flughafen von Graz gestanden bin, hatte ich nur einen großen Traum: einmal in der NHL zu spielen. Jetzt laufen Dutzende Menschen hier in der Halle mit einem Sabres-Jersey mit der Nummer 26 und meinem Namen am Rücken herum. Ich fühle eine Mischung aus Ehrfurcht und Stolz.

Ich werde oft gefragt, welche meiner bisherigen Leistungen ich am höchsten einschätze. Aus sportlicher Perspektive gesehen, war es sicher der Gewinn der NCAA-Meisterschaft mit den Golden Gophers, dem College-Team der University of Minnesota, in der Saison 2002/03. Meine Einstellung ist ja grundsätzlich folgende: Jede Saison, in der mein Team keinen Titel gewinnt, ist eine Enttäuschung. Dementsprechend kurz war die Freude über den Gewinn des NHL-Grunddurchgangs vor zwei Jahren. Klar, es gibt dafür die „Presidents' Trophy", die wir in dieser Saison 2006/07, erstmals in der Vereinsgeschichte der Sabres, erringen konnten, und einen Banner unterm Hallendach. Am Ende hat es für unser Team aber nicht zum Gewinn des Stanley Cups gereicht. Wir sind damals im Playoff-Halbfinale gegen die Ottawa Senators mit 1:4 Spielen klar ausgeschieden. Danach konnten wir nicht wieder an unsere in dieser Saison gezeigten Leistungen anschließen.

Große Enttäuschung. Im Mai 2007 scheitern wir zum zweiten Mal in Folge im Stanley-Cup-Halbfinale (Conference Finale). Christoph Schubert von den Ottawa Senators spendet Trost.

Die Folge: Im Vorjahr verpassten wir die Playoffs – ein großer Schock für mich und meine Teamkollegen. Wir waren ein junges Team und gewohnt, erfolgreich zu sein. Plötzlich kam das Ende der Saison aber nicht wie üblich im Mai oder Juni, sondern schon Anfang April. Das war nicht leicht zu verdauen. Anscheinend haben wir aber noch nicht genug daraus gelernt. Derzeit sind wir zwar auf Playoff-Kurs, aber auch heuer wird es eine knappe Sache.

Mein großes Ziel ist und bleibt der Stanley Cup. Ich möchte wenigstens einmal das Gefühl auskosten, diese historische Trophäe in die Höhe zu stemmen. Es ist der Gipfel für jeden Eishockeyspieler. Olympia- oder WM-Gold sind für mich als Österreicher leider außer Reichweite. Aber selbst für einen Kanadier oder Schweden geht nichts über den Gewinn des Stanley Cups. Seine Geschichte wird Jahr für Jahr mit Blut, Schweiß und Tränen geschrieben. Die Entbehrungen, Anstrengungen und Verletzungen, die man während einer langen NHL-Saison auf sich nimmt, gibt es in kaum einer anderen Sportart. Im Falle eines „Happy End“ wartet der Stanley Cup, der „heilige Gral“ des Eishockeysports.

Für die Stanley-Cup-Gewinner gibt es außerdem noch ein besonderes Zuckerl. Während der Sommermonate darf jeder Spieler des Siegerteams mit dem Pokal einen Tag an einem Ort seiner Wahl verbringen. Klar, ich würde mit der Trophäe daheim in Graz feiern. Das wäre auch für den österreichischen Sport ein besonderer Tag. Hoffentlich kommt mir da keiner der jungen Österreicher wie Michi Grabner oder Andi Nödl zuvor. Ich freue mich zwar über jeden Erfolg eines Österreichers in der NHL, aber den Stanley Cup möchte ich schon als erster Österreicher gewinnen. So viel Egoismus muss erlaubt sein.

Es wäre mir in diesem Fall auch völlig egal, ob ich im Finale das entscheidende Tor erzielen würde. Das Gefühl, ein Finale zu entscheiden, durfte ich schon beim Gewinn der College-Meisterschaft mit den Golden Gophers im Jahr 2003 auskosten. Ja, das war unglaublich. Nichts jedoch im Vergleich dazu, danach mit meinen Teamkollegen den Siegerpokal in die Höhe zu stemmen und gemeinsam am Eis zu feiern. Ich habe immer auch gerne Tennis oder Golf gespielt – und bin dabei bis heute sehr ehrgeizig –, meine Liebe zum Eishockey aber war von Anfang an unübertroffen. Weil es eine Mannschaftssportart ist. Weil man Sieg und Niederlage gemeinsam durchmacht. Weil man dabei Freundschaften fürs Leben schließt. Ich war nie ein Einzelgänger und habe den Erfolg meines Teams immer über meine persönlichen Befindlichkeiten gestellt.

Vielleicht ist das eines meiner Geheimnisse: Egal, wie viele Tore ich geschossen, wo auf der Welt ich gerade gespielt und wie viel Geld ich dabei verdient habe – ich hatte immer ein Gefühl von Dankbarkeit. Ich habe bis heute meine Freunde in Österreich, die ich von Kindheit an kenne. Ich pflege meine Freundschaften in Minnesota aus der College-Zeit. Das sind Leute, die mich kennen und – so bin ich mir sicher – mich nicht deswegen mögen, weil ich da und dort als Star gesehen werde. Ich stehe ohnehin nicht besonders gern im Mittelpunkt. Ich will lediglich jedes Jahr meine Leistung bringen, 40 bis 50 Tore schießen und mit meinem Team eines Tages den Traum vom Stanley Cup verwirklichen.

Am Eis geht es ordentlich zur Sache. Die Stimmung in der Halle hat heute ein bisschen etwas von einem Playoff-Spiel, sie ist aufgeheizter als während der bisherigen Spiele des Grunddurchgangs. Das Team kämpft wahrlich um jeden Millimeter. Andrej Sekera hat seinen Fehler von gerade eben mit viel Kampfgeist wieder gutgemacht. Er hat zuerst den Puck an der eigenen blauen Linie verloren, ihn dann aber mit einem harten Check hinter unserem Tor wieder zurückerobert. Der Junge ist erst 22 und hat großes Potenzial. In der Saison 2005/06 ist er in der Ontario Hockey League als bester Verteidiger mit der Max Kaminsky Trophy ausgezeichnet worden. Wir haben beide slowakische Wurzeln und ich fühle mit Andrej, gerade weil er heuer einige Hochs und Tiefs durchmachen muss. Das ist völlig normal für einen Spieler in seiner zweiten NHL-Saison. In der NHL gibt es den Slogan vom sogenannten „Sophomore Jinx“, dem sprichwörtlichen Pech im zweiten Profijahr, nachdem man als Rookie im Jahr davor alle Erwartungen übertroffen hat.

Ich hatte in dieser Hinsicht Glück. Keine Rede von einem „Sophomore Jinx“, meine zweite NHL-Saison war bis dato die erfolgreichste meiner Karriere: 43 Tore, 41 Assists. Draufgabe war meine Plus/Minus-Bilanz von +47. So konnte ich schon 2006/07 zum ersten Mal eine wichtige NHL-Statistik-Kategorie gewinnen. Ich spielte in einer Linie mit Derek Roy und Maxim Afinogenow und wir waren in dieser Spielzeit unbestritten die gefährlichste und beste dritte Linie der NHL.

Die Saison 2006/07 war zugleich die letzte in meinem alten Vertrag mit den Sabres. Nach unserem bitteren Ausscheiden in

Steve Bartlett und ich im Medienraum der HSBC Arena.

den Playoffs gegen Ottawa wollte ich mich nicht mit einer Vertragsverlängerung beschäftigen. Ich hatte die kalte Dusche gegen die Senators noch nicht verarbeitet. Mein Kopf war alles andere als frei und ich wollte einfach nur Urlaub machen und die Enttäuschung vergessen. Für den Rest war ohnehin mein Agent Steve Bartlett zuständig. Er ist seit Beginn meiner Karriere nicht nur Agent und Ratgeber, sondern auch ein väterlicher Freund für mich.

Dann kam der 6. Juli 2007. Mit einem Paukenschlag war klar, dass mein Leben auf den Kopf gestellt werden könnte und möglicherweise eine völlig neue Richtung nehmen würde. Steve überreichte mir ein Angebot, ein sogenanntes „offer sheet", der Edmonton Oilers. Die groben Fakten: ein Vertrag über 7 Jahre und 50 Millionen Dollar. Bis zu diesem Zeitpunkt hatte ich eine knappe Million Dollar pro Saison verdient, mehr ist in einem Rookie-Vertrag auch gar nicht erlaubt. Ich war, gelinde gesagt, geschockt. Weniger wegen des Geldes als des Vertrauens, das Wayne Gretzkys ehemaliges Team mir mit dem Angebot einer langjährigen Zusammenarbeit entgegenbrachte. Als ich den Vertrag unterschrieb, war ich mir aller Konsequenzen bewusst. Viele Hockeyspieler sind von Edmonton als Stadt nicht wahnsinnig begeistert. Mir war das egal: Mein erster Gedanke war nur, dass ich damit in die Nähe meiner ersten Nordamerika-Station zurückkehren und jede Menge alter Freunde wiedertreffen würde.

Natürlich war ich überrascht, dass das erste Angebot nicht von meinem Stammverein gekommen war. Aber aufgrund der Vertragslage in der NHL war ich selbst mit meiner Unterschrift noch kein Edmonton-Spieler. Buffalo hatte nun die Möglichkeit, innerhalb einer Woche mit dem Angebot der Oilers gleichzuziehen – dann würde ich automatisch ein Spieler der Sabres bleiben. In der NHL heißt dieser Vorgang „matching the offer sheet".

Ich hatte den Edmonton-Vertrag frühmorgens unterschrieben, danach ging alles Schlag auf Schlag und ich war nur noch Passagier. Kaum war die Meldung an die Öffentlichkeit gegangen, wurde von den Verantwortlichen der Sabres eine Pressekonferenz für die Mittagszeit anberaumt. Gemeinsam mit meiner Frau Ashley wartete ich in Minnesota im Haus meiner Schwiegereltern auf die Entscheidung Buffalos. Meine Nerven waren zum Zerreißen gespannt, weil ich ja selbst nicht wusste, wie die Sabres reagieren würden. Ashley und ich verfolgten die Übertragung der Pressekonferenz im Internet. Würden wir tatsächlich in den Norden Kanadas übersiedeln, oder würde Buffalo um mich kämpfen? General Manager Darcy Regier stellte unmissverständlich klar, dass man mich nicht so einfach ziehen lassen würde.

Ich war erleichtert. Ich bin bei den Buffalo Sabres als NHL-Spieler groß geworden, habe großes Vertrauen in alle Spieler, den Trainer und das Management. Auch fühlen Ashley und ich uns in Buffalo sehr wohl, wir leben gerne hier. Was mir aber am Wichtigsten war: Mein Club hatte ebenfalls großes Vertrauen in mich gezeigt, indem man mit dem gewaltigen Angebot der Oilers gleichzog.

Eines war schlagartig klar: Die Erwartungen in mich würden sprunghaft ansteigen. Ich war plötzlich nicht nur der bestbezahlte Spieler des Vereins, sondern der teuerste Eishockeyspieler der Welt. Allein die Schlagzeilen daheim in Österreich …

So war es dann auch: Der Druck von Medien und Fans wuchs ab diesem Zeitpunkt deutlich. Was man allerdings leicht vergisst: Geld kauft dir keinen Stanley Cup. Und den meisten Druck in meiner Karriere mache ich mir seit jeher selbst. Sicherlich wird es immer Kritik von außen geben, und das ist auch gut so. Sport soll und kann nicht ohne Kritik funktionieren. Ich denke, dass ich damit schon immer ganz gut umgegangen bin. Mein Vater war in dieser Hinsicht ein wichtiger Lehrmeister. Selbst wenn ich als Kind fünf Tore in einem Spiel erzielt habe, hat er danach die Dinge angesprochen, die ich verbessern sollte.

Am Anfang der Saison 2007/08 war es ziemlich hart, weil ich in ein kleines Tief fiel und beim Abschluss das sprichwörtliche Pech an meinem Schläger klebte. Wenigstens waren die Chancen auf Tore da. Ernsthafte Sorgen hätte ich mir nur gemacht, wenn ich zu keinen Möglichkeiten gekommen wäre. Aber die hatte ich ja zur Genüge. Die Scheibe ging überall hin: an die Stange, an die Latte, an die Schulter der Torhüter – kurz: überall hin, nur nicht ins Tor. Von klein auf war es immer mein Job, Tore zu schießen. Da war diese Phase schon ein bisschen frustrierend und die wegen meines Vertrages hochgeschraubten Erwartungen drohten zu einer Bürde zu werden. In Situationen wie diesen sind der Rückhalt der Familie und das Vertrauen von Management, Trainer und Mitspielern besonders wichtig.

Ich blieb ruhig und arbeitete hart weiter. Irgendwann musste die Pechsträhne ja ein Ende nehmen. Und das tat sie dann auch. In der zweiten Saisonhälfte konnte ich richtig Gas geben, erzielte gleich vier Hattricks und beendete das Jahr noch mit 36 Toren.

In der Kabine war mein Riesenvertrag eigentlich nie ein Problem oder ein großes Thema. Gleich nach meiner Unterschrift haben mir die meisten Teamkollegen per SMS oder E-Mail gratuliert. Alle die mich gut kennen, wissen, dass ich lange und hart für diesen Vertrag gearbeitet habe. Als ich mit 14 Jahren nach Nordamerika gekommen bin, war es nicht mein Ziel, möglichst viel Geld zu verdienen, sondern in der NHL zu spielen und so viel wie möglich zu gewinnen. Im Endeffekt ist es mir egal, was die Leute hinter meinem Rücken über mich reden. Ich habe schon lange aufgehört, mir darüber Gedanken zu machen.

Mein erstes Profigehalt nimmt sich im Vergleich zu meinem Millionen-Vertrag fast bescheiden aus. Dennoch: Als ich meinen ersten Scheck von den Rochester Americans bekommen hatte, konnte ich mein Glück gar nicht fassen. Nach einem Training in Rochester drückte mir der General Manager des Vereins das Stück Papier in die Hand. Ich war noch ganz frisch in Rochester. Zunächst musste ich ein Konto eröffnen. Mein einziger Gedanke auf dem Weg zur Bank war: nur keinen Unfall, nur nicht den Scheck verlieren. Von diesem Geld sollte ich mir mein erstes Auto, einen roten Cadillac Escalate, kaufen, eine Art Pick-up, der mir schon während meiner Zeit auf der High School in Sioux Falls sehr gut gefallen hatte. Das Auto schenkte ich später meiner Schwiegermutter, nachdem ich mir ein neues zugelegt hatte.

Kindheit und Jugend haben mir den Wert des Geldes gezeigt. So bin ich heute zwar durchaus sparsam, auf keinen Fall aber geizig. Gegenüber meinen Liebsten bin ich sogar ein sehr großzügiger Mensch. Ich will, dass es meiner Familie gut geht. Schließlich sind meine Eltern ja „schuld" daran, dass ich heute so ein guter Sportler bin. Ihnen habe ich ein Auto gekauft und in Graz ein Haus gebaut. Sosehr ich Risiko beim Eishockey liebe, so konservativ bin ich, wenn es darum geht, mein Geld anzulegen. High-Risk-Geschäfte sind absolut nichts für mich. Nie im Leben würde ich wegen so eines Geschäfts die Zukunft meiner Familie aufs Spiel setzen.

Was die Bezahlung im Profisport angeht, ist es nicht anders als im normalen Berufsleben. Wir bekommen jeden Monat unser Gehalt, allerdings nur während des Grunddurchgangs. Wenn wir die Playoffs erreichen, spielen wir praktisch „gratis". Deshalb ist es für jeden Verein auch so wichtig, die Post Season, sprich die Playoffs, zu erreichen. Denn ab dem Moment wird richtig Geld gemacht. Davor fließen in das Budget auch die Spielergehälter ein, ab dem ersten Playoff-Spiel müssen die Clubs nicht mehr damit budgetieren und können schwarze Zahlen schreiben. Was die Zeitungen oft nicht melden: Auch wir Eishockeyspieler werden von der Wirtschaftskrise getroffen und müssen mit Gehaltsabstrichen rechnen. So wie es aussieht, werden wir heuer am Ende der Saison rund 20 Prozent unseres Gehalts an die NHL zurückzahlen müssen, weil die Liga ihre wirtschaftlichen Ziele nicht erreicht hat. Dieses Geld wird jetzt schon von der Spielergewerkschaft einbehalten. Treffen die negativen Voraussagen ein, fließt das Geld zurück an die Liga, treffen sie nicht ein, bekommen wir das Geld im Nachhinein ausbezahlt. Viele Hoffnungen mache ich mir darauf heuer nicht.

Verletzung

2.57: „Lydman a shot, but that got blocked.“

Rick Jeanneret

Für den Bruchteil einer Sekunde zucke ich innerlich zusammen. Gerade hat Toni Lydman, einer unserer beiden Finnen in der Abwehr, einen gewaltigen Schlagschuss von der blauen Linie losgelassen. Der Puck wurde von einem San-Jose-Verteidiger geblockt. Ich habe nicht gesehen, wo der Puck den Spieler getroffen hat, aber es hat sicher höllisch geschmerzt. Egal, so lange nichts Gröberes passiert. Alltag eines Eishockeyspielers.

Obwohl meine Schmerzen mittlerweile erträglich sind, läuft es mir kalt über den Rücken, denke ich an den Moment vor sechs Tagen im Spiel gegen die Ottawa Senators. Wenn ich die Augen schließe, sehe ich noch immer genau, wie der rechte Verteidiger der Senators für Anton Volchenkow aufspielt. An der Bewegung des 107-Kilo-Mannes aus Moskau kann ich erkennen, dass er den Puck direkt, mit einem One-Timer übernehmen will. Mein letzter Gedanke: Ich muss die Schusslinie blockieren; Entfernung: kaum mehr als drei Meter. Der Puck reißt Volchenkow ab und 165 Gramm Hartgummi rasen in Schulterhöhe auf mich zu. Die Scheibe streift mein Schlüsselbein und zertrümmert von dort abgefälscht meinen Kiefer.

Die Schmerzen waren höllisch. Den Grad der Verletzung konnte ich erahnen, zu diesem Zeitpunkt wollte ich es jedoch nicht wahrhaben. Sofort ließ ich den Schläger fallen und lief so schnell wie möglich zur Bank. Irgendwie hatte ich noch mitbekommen, dass Blut am Eis war, doch unsere Betreuer brachten mich sofort ins Ärztezimmer. Die Senators-Ärzte wollten wissen, ob ich noch meinen Mundschutz drinnen hätte, aber ich konnte meinen Mund keinen Millimeter öffnen, alles war wie gelähmt. Einer der beiden Ärzte zwang den Unterkiefer auf, während der andere mich vom Mundschutz befreite. Die Schmerzen raubten mir fast den Verstand. Von den Ärzten bekam ich sofort Schmerzmittel und als Erstes wurde die Platzwunde am Kiefer genäht.

Die Lage war recht bedrohlich, denn ich hatte extrem viel Blut geschluckt und deshalb auch Probleme beim Atmen. Als die Schmerzmittel ihre Wirkung entfaltet hatten, konnte ich ein wenig entspannen und mein Atem wurde wieder ruhiger. Trotzdem ein kleiner Schock, als die Ärzte mir sagen, dass dieser Abend für mich gelaufen sei. Ich hatte schon ans Weiterspielen gedacht. Die beiden Mediziner waren großartig, mehr als die Schnittwunde zu behandeln, war zu dem Zeitpunkt jedoch nicht möglich.

Noch hatte ich den Funken Hoffnung, dass die ganze Sache am nächsten Morgen ausgestanden sein könnte. Das ist mit kleinen Verletzungen ja oft so. Man hat ein paar Minuten Schmerzen, dann beißt man die Zähne zusammen und es geht wieder weiter. Diesmal nicht. Als ich nach einer Stunde wieder richtig schlucken konnte, kamen auch die Schmerzen mit voller Wucht zurück. Ich hatte zuvor keine Ahnung gehabt, wie viele Muskeln allein beim Schlucken beansprucht werden ...

Den Flug zurück nach Buffalo an diesem 7. Februar 2009 erlebte ich wie in Trance. Während so eines Flugs gibt es ja noch ein spätes Abendessen. Ich konnte meinen Kollegen allerdings nur zusehen, denn es bestand weiterhin keine Chance, meinen Mund aufzubekommen. Richtig grausam, denn inzwischen hatte ich einen Riesenhunger. Das Adrenalin nach dem Zwischenfall war verflogen und die Schmerzmittel taten ihre Wirkung. Die übrige Zeit des Flugs verbrachten wir wie üblich mit Kartenspielen. Jaroslav Špaček, Daniel Paille und Andrew Peters waren an diesem Abend meine Spielpartner. Ich weiß nicht einmal mehr, ob wir gepokert oder etwas anderes gespielt haben. Ob ich gewonnen oder verloren habe, weiß ich auch nicht mehr. Eigenartig und gleichzeitig egal. Hauptsache, die Zeit verging.

Nach unserer Landung in Buffalo drückte mir unser Physiotherapeut noch eine Schachtel Schmerzmittel in die Hand und ich fuhr selber mit dem Auto die halbe Stunde heim zu meiner Familie. Ich hatte meine Frau Ashley und meine Eltern, die wie durch Zufall gerade bei uns auf Besuch in Buffalo sind, schon aus Ottawa per SMS verständigt und so gut es ging beruhigt. Den Mund nicht öffnen zu können, macht das Leben um einiges schwieriger.

An Schlaf war in dieser Nacht nicht zu denken. Ich saß die ganze Nacht aufrecht im Bett und gleichzeitig beschlich mich dieses unangenehme Gefühl des „Warten-Müssens". Zunächst auf das Morgengrauen. Viel – zu viel – Zeit, um zu grübeln. Hätte ich irgendetwas anders machen können? Hätte ich dem Puck ausweichen können? Nein. Ich konnte nichts mehr ändern, nur nach vorne blicken. Um sieben Uhr hielt ich es nicht mehr aus. Ich musste aufstehen und ging ins Bad. Ein Blick in den Spiegel war genug, um zu sehen, wie schlimm die Verletzung war. Meine rechte Gesichtshälfte war derart angeschwollen, dass ich aussah, als hätte ich einen Tennisball in der Backe.

Gemeinsam weckten Ashley und ich unseren Sohn Blake auf, um ihm zu erklären, dass ich verletzt bin, was unschwer zu erkennen war. „Daddy hat ein Aui", murmelte ich in Richtung meines Sohnes. Der kurze Schock in seinem Gesicht war prompt verflogen und er lachte gleich wieder: „Ha, Ha, Daddy, aui!" Gut, ein Problem weniger. Wenn mein Sohn die Sache so schnell wegsteckt, kann das für mich nur Ansporn sein. Der Physiotherapeut der Sabres holte mich kurz darauf von zu Hause ab und brachte mich zu unserem Kieferspezialisten in die Stadt. Dort wurde sofort ein Röntgen gemacht, das die schlimmsten Befürchtungen auch bestätigen sollte. Die rechte Seite des Unterkiefers war komplett zertrümmert. Noch für Mittag wurde ein Operationstermin in einer Spezialklinik organisiert. Ich durfte kurz nach Hause, um ein paar Sachen einzupacken, weil ich die nächsten zwei Nächte in der Klinik verbringen musste.

Ashley brachte mich ins Spital, dort hatte ich gerade noch Zeit, in mein Zimmer einzuchecken, und dann ging es sofort unters Messer. Vollnarkose, eine Stunde Operation, Aufwachraum. Bei der ersten Visite des Arztes wurde mir erklärt, was genau an meinem Kiefer gemacht worden war und dass ich mich die nächsten Wochen nur würde flüssig ernähren können. Ich hatte eine Frage an den Arzt, konnte aber den Mund nicht öffnen. Ich hatte nicht nur Zahnspangen zur Fixierung des Kiefers bekommen, zu allem Überdruss hatte man meinen Kiefer auch noch mit einem Draht richtiggehend verriegelt, um jede Bewegung unmöglich zu machen. Mir verging der Humor. Man muss sich das einmal vorstellen: zwei Wochen lang den Mund nicht öffnen. Weder zum Reden noch zum Essen oder Trinken. Gerade ertappe ich mich, wie mein Blick das reichhaltige Buffet hier in der Players-Lounge der HSBC Arena streift. Ich schließe die Augen.

Die ersten sechs Tage dieses Martyriums habe ich inzwischen überstanden. Auch wenn die Zeit nur schleppend vergeht, ich zwischendurch die Minuten zähle: Man gewöhnt sich an den Umgang mit einer schweren Verletzung. Mit jedem Tag wird es leichter, geht der Reflex, den Mund zu öffnen, zurück. Im Kopf checke ich zum wiederholten Mal meinen Reha-Fahrplan: In etwas mehr als einer Woche wird der Draht in meinem Mund aufgeschnitten, dann sollte ich langsam, aber sicher auch wieder feste Nahrung zu mir nehmen können. An Trainieren war in den letzten Tagen nicht einmal zu denken. Ich bin erst vor drei Tagen aus der Klinik entlassen worden und muss noch ein paar Tage „Ruhe geben“, wie der Arzt gemeint hat. Dann darf ich langsam mit dem Training am Ergometer beginnen. Eines ist klar: Ich möchte so schnell wie möglich zurück aufs Eis. Wir sind mitten drin im Kampf um die Playoffs und da kann ich es mir einfach nicht leisten, zu viel Zeit zu verlieren. Das bin ich meinem Team schuldig.

Derzeit lebe ich von Vitamin- und Proteinshakes, um nicht zu viel Gewicht zu verlieren. Dazu gibt es noch Suppen, wobei ausgerechnet bei meiner Lieblingssuppe, Tomatensuppe, ein kleines Problem besteht. Suppe hin oder her, in einer Tomatensuppe sind auch immer ein paar feste Teile und die bleiben dann hängen. Unangenehm. Deshalb drücke ich die Tomatensuppe jetzt immer durch ein Sieb, bevor ich sie schlürfe. Ashley und meine Mutter kümmern sich rührend um mich. Sie haben sogar versucht, Huhn und anderes Fleisch für mich zu kochen und dann mit einem Stabmixer flüssig zu bekommen. Der Versuch ist leider gescheitert, weil selbst dieser Brei noch immer zu dick ist. Mein Arzt hat mir erzählt, dass die flüssige Ernährung bei Spielern mit falschen Zähnen leichter ist. Denen werden vor der Operation vorne die falschen Zähne entfernt und sie können sich durch einen dickeren Strohhalm leichter ernähren. Na ja, ich bin eigentlich doch froh, dass ich noch alle meine Zähne habe.

Das letzte Mal, dass ich mehr als eine Woche wegen einer Verletzung hatte pausieren müssen, war in meinem zweiten College-Jahr. Damals hatte ich eine Schulterverletzung und musste vier Spiele aussetzen. Seitdem habe ich kein Spiel mehr verletzt versäumt. Angst vor Verletzungen habe ich nicht. Ich weiß, dass mich früher oder später wieder einmal ein Puck im Gesicht treffen könnte, aber derlei Gedanken darf man sich während eines Spiels auf dem Eis nicht leisten. Wer in unserem Sport Angst hat, sollte es lieber sein lassen. Das soll sich jetzt nicht nach einem Macho-Spruch anhören, sondern ist schlicht und ergreifend so. Wer ängstlich am Eis steht, verkrampft, macht Fehler und erhöht dadurch nur die eigene Verletzungsgefahr.

Körperliche Härte, mitunter Gewalt, ist Teil dieses Sports. In den Geschichtsbüchern der NHL finden sich einige saftige Sperren für Spieler nach tätlichen Übergriffen, in zehn Fällen ist sogar Anklage vor einem ordentlichen Gericht erhoben worden. Billy Coutu von den Boston Bruins wurde 1927 als Einziger bisher in der NHL lebenslang gesperrt. Der Stanley-Cup-Sieger von 1924 verlor in einem Playoff-Spiel die Nerven und prügelte auf den Schiedsrichter ein. Okay, das hätte ihn außer beim Wrestling auch in jeder anderen Sportart die Karriere gekostet.

In den letzten Jahren gab es eigentlich nur einen wirklich bösen Zwischenfall. Das war in der Saison 2003/04, als Todd Bertuzzi von den Vancouver Canucks Steve Moore niederstreckte. Bertuzzi wollte seinen Teamkollegen Markus Näslund rächen, der zuvor Opfer eines harten Checks von Moore geworden war. Bertuzzi fuhr Moore nach, schlug ihm von hinten mit der Faust in den Nacken. Moore knallte mit dem Gesicht voran aufs Eis und konnte danach nie mehr Eishockey spielen. Moore wurde von der NHL „unbegrenzt“ gesperrt, darf aber seit der Saison 2005/06 wieder spielen. Leicht hatte er es bei seiner Rückkehr nicht. Nicht nur, dass ihn die Fans bei jedem Auswärtsspiel gnadenlos ausbuhten und die Medien die Attacke auf Moore immer wieder aufwärmten; er war darum auch das erste Ziel von Angriffen der gegnerischen Mannschaft. Inzwischen hat sich die Situation beruhigt, das Stigma der Brutalität wird Bertuzzi wohl für immer anhaften.

Die überwiegende Anzahl von Spielen geht aber ohne Raufereien und hinterhältige Attacken über die Bühne. Ich persönlich war nie einer, der den Faustkampf mit dem Gegner gesucht hat und bin diesen Situationen immer schon aus dem Weg gegangen. Auf der anderen Seite weiß ich um die Bedeutung und Stärke der sogenannten „Enforcer“ im Eishockey. Sie sind Teil von Strategie und Mannschaft.

Ich kann mit Schmerzen ganz gut umgehen und wegen ein paar Wehwehchen wollte ich noch nie ein Spiel verpassen. Während einer Partie kassiere ich vor dem Tor eine Reihe von Cross-Checks und Schlägen auf die Hand. Meistens bin ich nach einem Spiel von Kopf bis Fuß mit Eis zubandagiert. Da tut in der Früh schon einmal der Rücken ordentlich weh, aber nach einer halben Stunde Bewegung geht es dann wieder. Für Notfälle gibt es Schmerzmittel, aber ich versuche, wann immer es geht, Tabletten zu vermeiden. Voriges Jahr habe ich von Mitte Februar bis Saisonende durchgehend mit Hüftschmerzen gespielt. Wegen solcher „Kleinigkeiten“ pausiert in der NHL aber keiner.

Nachdem wir die Playoffs verpasst hatten, wollte ich dem österreichischen Nationalteam unbedingt helfen, den Wiederaufstieg in die Weltgruppe zu schaffen. Erst danach habe ich meine Hüftverletzung auskuriert. Das an die große Glocke zu hängen, daran habe ich nie gedacht. Erst nach Saisonende habe ich in einem Interview erstmals darüber gesprochen. Und das auch nur, weil der Journalist irgendwie von der Verletzung Wind bekommen und mich direkt darauf angesprochen hatte. Der Kieferbruch, der mich derzeit außer Gefecht setzt, ist meine erste schwere Verletzung, seit ich in der NHL spiele. Eigentlich ein Wunder, dass es vier Saisonen gedauert hat, bis es mich einmal „erwischt“ hat.

Im April 2008 schaffen wir bei der B-WM in Innsbruck mit dem österreichischen Nationalteam souverän den Wiederaufstieg in die A-Gruppe.

Rookie

4.02: „Kept in by Buffalo and a long shot by Paille. Nabokov will hang on to that one.“

Rick Jeanneret

Das war knapp. Schade, ich hätte Danny Paille den Führungstreffer jetzt vergönnt. Er ist ein beinharter Arbeiter und einer meiner besten Freunde im Team. Während unserer Zeit im Farmteam in Rochester haben wir sogar zusammen gewohnt. Danny wurde ein Jahr vor mir von den Sabres gedraftet.

Meine Stunde sollte 2003 schlagen. Gleich in der ersten Runde des NHL Entry Drafts sicherten sich die Sabres die Rechte an mir. Ich wurde von Buffalo als Nummer 5 verpflichtet – das war zuvor noch keinem Österreicher gelungen!

Ich war bereits fünf Tage vor dem Event in Nashville. Meine Eltern und mein Agent Steve Bartlett hatten mich nach Tennessee begleitet. Zeit zum Sightseeing oder viel Freizeit mit der Familie blieb mir aber nicht. Jeden Tag standen Gespräche mit Vertretern der 30 NHL-Teams an. Das war schon stressig, machte aber auch Spaß, denn plötzlich war die immer angestrebte Profikarriere zum Greifen nahe.

Ein paar Wochen vor dem Draft findet in Toronto immer der sogenannte „Combine“ statt. Dort werden die 100 besten Talente des Draft-Jahrgangs ein paar Tage lang körperlich auf Herz und Nieren untersucht und die Teams haben Zeit, ihre Interviews mit den jungen Spielern durchzuführen. Ich war damals ebenfalls eingeladen, konnte aber nicht teilnehmen. Als College-Spieler war es mir verboten, Hotel und Flug nach Toronto von der NHL bezahlen zu lassen. Aus eigener Tasche konnte ich mir den Trip nicht leisten, also blieb mir nichts anderes übrig, als auf die Woche vor dem Draft zu warten, um die Teams bei dieser Gelegenheit von meinen Anlagen und Fähigkeiten zu überzeugen. Mit den Sabres hatte ich allerdings schon zuvor Kontakt. Nach meinem überzeugenden Auftreten als bester Spieler beim College-Finalturnier in Buffalo kamen gleich fünf oder sechs Vertreter der Sabres zu mir nach Minneapolis. Auch Coach Lindy Ruff und General Manager Darcy Regier waren dabei. Wir sprachen stundenlang über Vorstellungen und Philosophie von Eishockey. Da war mir schon bewusst, dass ein gewisses Interesse aufseiten der Sabres bestand.

In Nashville traf ich mich schließlich nochmals mit den Verantwortlichen der Sabres, aber auch mit Vertretern fast aller anderen Teams. Man führt Gespräche, wird medizinisch durchgecheckt – ich hatte praktisch meinen eigenen „Combine“ direkt vor dem Draft. Dass ich in Toronto nicht dabei sein konnte, erwies sich im Nachhinein als Vorteil. So hatte ich die ganze Aufmerksamkeit der Teams für mich allein.

Am Tag vor dem Draft wusste ich ungefähr, wo ich lag. Mein Gefühl war, dass mein Name irgendwo zwischen der Nummer 3 und der Nummer 10 fallen würde. Die ersten beiden Positionen waren außer Reichweite. Inoffiziell wusste jeder, dass Goalie Marc-André Fleury als Nummer 1 nach Pittsburgh und Eric Staal als Nummer 2 nach Carolina gehen würden. Danach war alles offen. Ich habe sogar damit spekuliert, als Nummer 3 von Florida geholt zu werden. Mit den Panthers hatte ich auch ein sehr ausführliches und gutes Gespräch geführt. Die Führung der Florida Panthers entschied sich aber für Nathan Horton. Als Nummer 4 holte Columbus den Russen Nikolai Zherdew.

Als fünftes Team waren die Buffalo Sabres an der Reihe, zu wählen. Sabres Chef-Scout Done Luce trat auf die Bühne im Gaylord Entertainment Center, um die Entscheidung der Sabres bekannt zu geben. Meine Mutter saß neben mir. Sie war zu diesem Zeitpunkt nervöser als ich. Und dann die Erlösung. „Buffalo selects with the fifth overall pick, from the University of Minnesota, Thomas Vanek."

Es war geschafft! Ich hatte tatsächlich einen NHL-Club so von mir überzeugen können, dass ich einer der Top-5-Nachwuchsspieler dieses Jahrgangs war. Meine Mutter sprang sofort auf, als mein Name genannt wurde, und fiel mir um den Hals. Mein Vater ging es gemäß seiner Natur ruhiger an. Er schüttelte meine Hand, sah mir tief in die Augen und sagte nur: „Gut gemacht, du hast es dir verdient!"

Die nächsten Minuten sind in meine Erinnerung eingebrannt. Vor der Bühne nahm man mir mein Sakko ab und NHL-Boss Gary Bettman war der Erste, der mir nach meinen Eltern gratulierte. Dann kletterte ich die fünf Stufen auf die Bühne, wurde von Sabres General Manager Darcy Regier ebenfalls beglückwünscht und schon drückte man mir ein Sabres-Jersey in die Hand. Kaum war ich hineingeschlüpft, ging das Blitzlichtgewitter los. Danach gleich die ersten Interviews – wow, eine unglaubliche Erfahrung. Der 2003er-Jahrgang war mit überdurchschnittlich vielen tollen Spielern gespickt. Neben Fleury, der letztes Jahr mit den Penguins bereits im Stanley-Cup-Finale stand, und Staal, der mit den Carolina Hurricanes schon den Stanley Cup gewinnen konnte, gab es da noch Starspieler wie Dion Phaneuf, Jeff Carter, Dustin Brown, Zach Parise, Ryan Getzlaf oder Shea Weber. Mit einem Auge schielte ich während der ganzen Zeit auf die Tribüne, wo meine Eltern mittlerweile völlig aus dem Häuschen waren. Meine Mutter klatschte sich die Hände wund, mein Vater schoss ein Foto nach dem anderen. Ich vergönnte ihnen diesen Moment so sehr. Nach allem, was sie für mich getan, worauf sie verzichtet hatten, um mir meinen Traum zu ermöglichen.

Wenn ich heute an diesen Tag zurückdenke, wird mir klar, dass das eigentlich ein Tag war, an dem ich Historisches für Österreichs Eishockey erreicht habe. Vor mir wurde ja schon eine Handvoll Österreicher von NHL-Clubs gedraftet, aber keiner an so prominenter Position. Der richtig harte Teil meines Weges ins Profigeschäft ist damals noch vor mir gelegen. Das war mir bewusst und ich habe fortan noch konsequenter an meiner Kondition und Technik gearbeitet. Dass der Weg zu einem erfolgreichen NHL-Spieler letztlich noch härter ist, als man es sich in der ersten Draft-Euphorie vorstellt, war mir zu dem Zeitpunkt noch nicht klar. Es sollten zwei lange Jahre vergehen, bis ich am 5. Oktober 2005 zum ersten Mal in der besten Hockeyliga der Welt aufs Eis gelaufen bin.

Der Trubel vor diesem Spiel gegen die New York Islanders hatte ungeahnte Höhen erreicht. Was rein gar nichts mit der Tatsache zu tun hatte, dass ich nun im Kreise der Besten spielen durfte, sondern damit, dass die vorangegangene Saison komplett ausgefallen war, weil sich Vereine und Spielergewerkschaft auf kein neues „Collective Bargaining Agreement" – in Österreich würde man Kollektivvertrag sagen – einigen konnten. Es war das erste Mal in der Geschichte, dass die komplette Saison einer nordamerikanischen Profiliga abgesagt wurde, und das erste Mal seit 1919, dass der Stanley Cup nicht vergeben wurde. Damals hatte die Spanische Grippe während der Playoffs so viele Spieler außer Gefecht gesetzt, dass eine Weiterführung des Spielbetriebes unmöglich geworden war. Und inmitten dieser von den Medien aufgeputschten geschichtsträchtigen Stimmung war nun „mein Tag" gekommen. Ganz ehrlich: Bei meinem AHL-Debüt in Rochester ein Jahr zuvor war ich nervöser gewesen. Das war damals immerhin mein erstes Profispiel. Bei den Sabres wusste ich schon halbwegs, was mich erwarten würde. In der Vorbereitung hatte ich fast alle Spiele für Buffalo bestritten und war sogar bester Torschütze gewesen. Ich wusste also, dass ich auch in dieser Klasse mithalten konnte.

Ich stand in der Kabine und blickte auf die Uhr: Noch fünf Minuten, noch vier, noch drei … Meine Gedanken waren in diesem Moment gar nicht beim bevorstehenden Spiel, sondern bei allem, was ich in den letzten Jahren erlebt hatte, seit ich aus

Jason Pominville, Andrew Peters und Rory Fitzpatrick (v. l.) gratulieren mir zum Siegestreffer in der Verlängerung des Preseason-Spiels gegen die Washington Capitals am 17. September 2005.

Österreich ausgewandert war, um meinen Traum von der NHL zu erfüllen. In diesem Moment wusste ich, dass sich die ganze harte Arbeit gelohnt hatte. Gleichzeitig war mir auch klar, dass dies nur ein erster Schritt sein würde. Es ist heute nicht anders. In der NHL musst du dich in jedem Spiel aufs Neue beweisen.

Ein zusätzlicher Schub Motivation war für mich die Freude darüber, dass meine ganze Familie aus Österreich gekommen war, um bei meinem ersten NHL-Spiel dabei zu sein. Auch meine damals noch zukünftige Frau Ashley war mit ihren Eltern aus Minnesota nach Buffalo geflogen, um mich spielen zu sehen. Mein Vater, der mich in meinen Kinder- und Jugendtagen mit Lob nicht gerade überhäuft hatte – im Gegenteil –, gratulierte mir nach diesem Match von Herzen. „Jetzt hast du was geschafft", sagte der Mann, der mich 1986, im Alter von zwei Jahren, als Erster aufs

Eis gestellt und losgelassen hatte. Damals noch mit zwei Kufen auf jedem Schlittschuh, um nicht umzufallen.

Die ersten Minuten am Eis im Kreis der NHL waren trotz aller scheinbaren Abgebrühtheit eine unglaubliche Erfahrung und mein Herz hat bis zum Hals gepocht. Bei den ersten paar Wechseln habe ich versucht, nur ja keinen Fehler zu machen, die Scheibe immer schnell weitergespielt. Nach und nach hat sich diese Anfangsnervosität gelegt und wenn ich wie jetzt darüber nachdenke, erscheint mir mein Debüt als „ganz normaler Arbeitstag“. Ein erfolgreicher noch dazu. Wir haben 6:4 gewonnen und es ist mir sogar gelungen, den Assist zu unserem vierten Tor beizusteuern. Gleich in meinem zweiten NHL-Spiel, gegen Boston, ist mir ein weiterer Assist geglückt.

Die Basis für Erfolge wird in den Nachwuchsligen gelegt. Zuerst in der High-School-Liga, in meinem Fall bei den Sioux Falls Stampede, einer Schule in South Dakota. Das war sozusagen mein erstes „richtiges“ Team und ich bin der Mannschaft bis heute tief verbunden. Von dort ging es nach drei erfolgreichen Saisonen weiter ans College nach Minneapolis/St. Paul. Meine Rookie-Saison, oder „Freshman season“, wie es am College heißt, war einfach sensationell. Egal, was ich machte, es lief alles wie am Schnürchen. Ich durchbrach jahrzehntealte Uni-Rekorde und konnte die Saison als bester Torschütze der Liga beenden. Das Tüpfelchen auf dem i war dann das „Frozen Four“, das Finalturnier der College-Meisterschaft. Ob im Basketball, Football oder Eishockey, in den USA haben College-Turniere einen unglaublich hohen Stellenwert. So war es auch im März 2003, als das Frozen Four ausgerechnet in Buffalo stattfand. Beim Finalturnier spielte ich groß auf, erzielte die Siegestreffer im Halbfinale und Finale und wurde ins All-Star-Team gewählt. Die persönlichen Auszeichnungen waren toll und freuten mich irrsinnig, am schönsten war aber, dass ich erstmals einen großen, wichtigen Titel mit meinem Team gewinnen konnte. Nur wenige Jahre zuvor war ich als Zwerg aus Österreich über den großen Teich gekom-

Die HSBC Arena, Heimstätte der Buffalo Sabres.

men und jetzt stand ich in meiner Altersklasse ganz an der Spitze! Zufall oder Schicksal: In der ausverkauften HSBC Arena von Buffalo saßen damals auch Sabres General Manager Darcy Regier und Coach Lindy Ruff. Knapp drei Monate später sicherten sich die Sabres im NHL-Draft die Rechte an mir.

Als Rookie in einem NHL-Team setzt es früher oder später Rückschläge. Außer vielleicht, man ist ein Jahrhunderttalent wie Sidney Crosby oder Alex Owetschkin. In meiner ersten Saison für die Sabres bestritt ich alle 82 Spiele des Grunddurchgangs. Bis auf eines.

Wir hatten in Toronto zwei Spiele in Folge zu absolvieren. Diese Tage liegen mir heute noch im Magen. Im ersten Aufeinandertreffen gingen wir 0:7 unter – die bitterste Niederlage in der gesamten Saison! Es war der 1. April 2006 und demütigender als jeder Aprilscherz. Ausgerechnet gegen unseren Erzrivalen eine solche Abfuhr! Zwei Tage später schlug das Team jedoch zurück und wir konnten die Leafs nach Penalty-Schießen 3:2 niederringen. Die erste Playoff-Teilnahme der Buffalo Sabres seit fünf

Jahren war damit vorzeitig gesichert. Trotz aller Freude über die Qualifikation hatte dieser Abend für mich persönlich einen bitteren Beigeschmack. Ich musste das Spiel von der Tribüne aus verfolgen. Der Grund: Beim 0:7-Debakel zwei Tage zuvor war ich bei drei Gegentreffern am Eis gestanden.

In der NHL nennt man so eine Zwangspause „Benching". Das ist für keinen Spieler lustig. Lindy Ruff hat mir am Abend vor dem zweiten Spiel in Toronto erklärt, dass ich mir das Match von der Pressetribüne aus anschauen müsste und von den älteren, erfahreneren Spielern lernen sollte. Noch schlimmer ist es für mich wenige Wochen später in den Playoffs gekommen. Acht Mal musste ich von der Tribüne aus zuschauen. Ich durfte lediglich 10 von 18 Spielen bestreiten und traf auch nur zwei Mal ins Tor – der Coach hatte das Vertrauen in mich verloren und wollte meinen Einsatz in heiklen Spielen nicht mehr riskieren. Der Club erreichte das Finale der Eastern Conference. Dort unterlagen wir dem späteren Gewinner des Stanley Cups 2006, den Carolina Hurricanes, in der best-of-seven-Serie knapp mit 3:4 Spielen.

Wenn man aus dem Kader geworfen wird, darf man eines nicht: den Kopf hängen lassen. Das ist in diesen schwierigen Situationen der falsche Weg. Gerade als Rookie muss man sich durch diese harten, manchmal äußerst brutalen Phasen durchkämpfen, weil man als junger Sturschädel auch oft glaubt, im Recht zu sein. Über Fehler routinierter Spieler wird eher hinweggesehen; als Neuling zahlt man bitteres Lehrgeld. Das ist so. Da ist es mir nicht anders ergangen als allen jungen Spielern, die heute versuchen, sich ihren Kaderplatz bei den Sabres oder irgendeinem anderen NHL-Team zu erkämpfen.

Nach der persönlichen Playoff-Enttäuschung am Ende der Saison 2005/06 zog ich Konsequenzen. Statt die Schuld auf den Trainer oder andere Faktoren zu schieben, suchte ich nach Verbesserungsmöglichkeiten an mir. Über den Sommer trainierte ich wie ein Besessener. Ich versuchte, vor allem meine Grundschnelligkeit zu steigern, etwas Gewicht zu verlieren und meine Kondition zu verbessern. Der Plan ging auf. In der darauf folgenden Saison 2006/07 gewann ich den Plus/Minus-Award und war mit 43 Treffern bester Torschütze meines Teams im Grunddurchgang, den wir gewinnen konnten und so souverän und überlegen in die Playoffs einzogen. Der Trainer schickte mich in allen Playoff-Spielen aufs Eis und ich konnte sechs Treffer und vier Vorlagen beisteuern. Die Sabres erreichten wie im Jahr zuvor das Finale der Eastern Conference. Wieder war dort Endstation, diesmal besiegten uns die Ottawa Senators klar.

Herz

5.39: „More than five minutes into this period, Grier could not get away. And Gerbe now gave it away."

Rick Jeanneret

Dieser Scheibenverlust gerade eben war leichtfertig, aber ich kann mich gut in Nathan Gerbe hineinversetzen. Für den Jungen ist das heute eines seiner ersten Spiele in der NHL. Da ist man natürlich nervös, vor allem vor so einer Kulisse. Noch dazu, wo sich die Fans hier in Buffalo von Gerbe sehr viel erwarten. Er hat bisher eine ähnliche Karriere hingelegt wie ich: Gerbe ist mit seinem College-Team Meister geworden, hat im Finalturnier die wichtigen Punkte gemacht und seine laufende Saison in der AHL stellt einen einzigen Höhenflug dar. Der letzte Schritt in die NHL ist dann der schwierigste. Als Youngster unterschätzt man oft gerade diesen kräfte- und konzentrationsraubenden Schritt.

Da ist es gut, wenn man routinierte Spieler im Team hat, die einem den Weg zeigen und mit Rat und Tat zur Seite stehen. Typen wie Teppo Numminen. Kein Spieler, den ich kenne, hat ein größeres Herz für diesen Sport als unser finnischer Verteidiger. Herz ist das Wichtigste, nicht nur beim Eishockey. Wenn ich nicht mit ganzem Herzen bei der Sache bin, werde ich keine Höchstleistungen bringen können. Teppo spielt heuer seine zwanzigste Saison in der NHL. Er wurde 1986 von den Winnipeg Jets gedraftet. Zu diesem Zeitpunkt war ich gerade zwei Jahre alt. Vor zweieinhalb Jahren, im Sommer 2006, musste sich unser Finne einer Operation am offenen Herzen unterziehen, nachdem ein größer werdendes Loch starke Rhythmusstörungen ausgelöst hatte. Alles verlief ohne Komplikationen und schon zwei Monate später konnte er wieder auf dem Eis trainieren. Eine unglaubliche Leistung im Alter von fast 40 Jahren. Im allerletzten Saisonspiel gegen Boston schließlich kehrte Teppo in die Mannschaft zurück. Ein Moment, der mich tief bewegte. Zu sehen, wie unser „Team-Opa“ wieder unter uns war, als hätte er nicht ein einziges Spiel versäumt – pure Freude.

Routiniers wie Teppo sind der Rückhalt einer Mannschaft. Sie strahlen Erfahrung und Ruhe aus und nehmen wichtigen Einfluss auf die Jungen. Es ist sehr wichtig, Kritik annehmen zu können, ohne deswegen beleidigt zu sein. Für mich ist es seit jeher selbstverständlich gewesen, viel mit erfahrenen Spielern zu sprechen: ob während des Spiels auf der Bank, in der Kabine oder außerhalb der Eishalle. In meinem ersten Jahr bin ich auf der Bank oft neben Mike Grier gesessen und habe viel von ihm gelernt. So wie auch von Chris Drury. Er war der Einzige in der Mannschaft der Sabres, der den Stanley Cup als Spieler bereits gewonnen hatte – 2001 mit Colorado Avalanche. Grier und Drury haben uns Jungen immer klar gemacht, dass wir mit voller Leidenschaft bei der Sache sein müssen. In jedem einzelnen Spiel. Drury wusste im Gegensatz zu uns, dass man sich mit dem Erreichen des Conference-Finales nicht zufrieden geben darf und gerade zu diesem Zeitpunkt einer Saison, wenn das Ziel zum Greifen nahe ist, alle Ressourcen aktivieren muss.

Mitte April, wenn der Grunddurchgang vorbei ist, geht die Saison im Eishockey erst richtig los. Pech, dass man dann schon mehr als 80 Spiele in den Beinen hat und am Zahnfleisch geht. Als Eishockeyspieler lebe ich für die Playoffs. Das ist der Augenblick, wo es um alles geht. In diesen Momenten ist Herz ganz besonders gefragt. Wenn man da nicht voll bei der Sache ist, landet man schnell am Golfplatz statt in der nächsten Playoff-Runde. In den Playoffs werden Superstars und Legenden geboren. Spieler, zu denen Kinder und Erwachsene gleichermaßen aufsehen.

Ich kann mich noch gut erinnern, als ich einem meiner zwei großen Vorbilder das erste Mal am Eis gegenübergestanden bin.

Das war in einem meiner allerersten NHL-Spiele. Wir hatten ein Heim-Match gegen die Pittsburgh Penguins, als ich beim Aufwärmen neben Mario Lemieux, Eigentümer und damals auch noch Superstar Pittsburghs, übers Eis kurvte. Das war einfach nur cool. Zugleich wird dir bewusst, wie weit der eigene Weg noch ist. Lemieux hatte zu dem Zeitpunkt schon fast zwei Jahrzehnte in der NHL gespielt und alles gewonnen, was man nur gewinnen konnte – eine lebende Legende eben. Zugleich ist er aber auch völlig bodenständig geblieben. Er ist Multimillionär, Superstar und trotzdem nicht abgehoben – eine Eigenschaft, die, wie ich glaube, viele Eishockeyspieler auszeichnet. Spieler mit Starallüren wie im Fußball oder Football gibt es im Hockey kaum. Lemieux hat „Wunderkind“ Sidney Crosby nicht nur als seinen legitimen Nachfolger aufgebaut, sondern ihn auch wie ein Vater unter seine Fittiche genommen. Crosby, der aus einer kleinen Stadt in Kanada kommt, hat zunächst sogar im Haus der Lemieux gewohnt – sicher eine unbezahlbare Erfahrung für einen Teenager, dem Liga und Fans zutrauen, dass er einige der NHL-Rekorde von Lemieux und auch Wayne Gretzky brechen kann.

In diesem Spiel gegen Pittsburgh und Lemieux hätte ich fast mein erstes NHL-Tor erzielt. Zunächst ließ ich Verteidiger Ric Jackman mit einem alten College-Trick alt aussehen: Ich passte mir den Puck an Jackman vorbei über die Bande selbst zu und zog ungehindert auf das Tor der Penguins. Leider verhinderte die Stange den Torerfolg. Na ja, wenigstens konnten wir das Spiel knapp mit 3:2 nach Verlängerung für uns entscheiden.

Ein unvergesslicher Moment kam nach dem Spiel. In den USA ist es üblich, dass die Medien nach einem Match in die Umkleidekabine kommen, um Interviews zu machen. Ich stand von einigen Reportern belagert vor meinem Spind, als plötzlich der Zeugwart der Penguins mit einem Hockeyschläger zu mir kam. Ich dachte mir nur: „Was ist das jetzt?“ Es war jener Schläger, mit dem Mario Lemieux an diesem Abend gegen mich gespielt hatte! „Für Thomas, alles Gute. Mario Lemieux“, hatte er darauf geschrieben. Es war einer jener Augenblicke, in denen sich Traum und Wirklichkeit vermischen.

Ein weiteres eindrückliches Erlebnis in meiner Karriere verbinde ich ebenfalls mit den Penguins. Am 1. Jänner 2008 bestritten wir gegen Pittsburgh im Football-Stadion von Buffalo das erste „Winter Classic", also das erste reguläre NHL-Spiel im Freien. Mehr als 71.000 Fans kamen ins Ralph Wilson Stadium, wo sonst unser Football-Team, die Buffalo Bills, ihre Spiele austragen. Und das bei Minusgraden und Schneesturm. Ich selbst trug unter meinem Helm noch eine Schutzmaske, um mich vor der Kälte zu schützen. Unser Goalie, Ryan Miller, hatte sich auf seinen Helm sogar eine Pudelmütze geklebt. Auf der Bank hatten wir es noch am wärmsten, da dort glücklicherweise eine Sitzheizung installiert war.

Als wir das riesige Stadion betraten, lief es mir kalt über den Rücken. Aber nicht wegen der Kälte, sondern wegen der unglaublichen Atmosphäre, die von dieser Kulisse ausging. Das ganze Spiel war darauf ausgerichtet, Hockey wie „in alten Tagen" zu bieten. Die Penguins und wir liefen deshalb auch in Retro-Jerseys mit Logos aus den 70ern auf.

Ein unvergesslicher Tag jedenfalls und vom Gefühl her einer der längsten in meinem Leben. Wir hatten bereits am Vortag im Stadion trainiert, am Spieltag mussten wir schon um acht Uhr in der Früh „antreten". Eigentlich hätte das Spiel um ein Uhr mittags starten sollen, durch das schlechte Wetter wurde es aber um eine Stunde verschoben. Als es endlich losging, herrschte Football-Stimmung.

Das Spiel selbst war ziemlich chaotisch. Durch den ständigen Schneefall war das Eis nicht besonders gut, die Sicht war schlecht und am Ende gingen wir als 1:2-Verlierer vom Eis. Für die NHL war das Spiel perfekt, nicht zuletzt weil Sidney Crosby den entscheidenden Treffer im Penalty-Schießen erzielte. Die Bilder von diesem Ereignis hängen heute noch im Forum der HSBC Arena – larger than life. Das „Winter Classic" wurde mittlerweile zur

Am 1. Jänner 2008 hatten wir die Ehre, die Pittsburgh Penguins im ausverkauften Ralph Wilson Stadium von Buffalo zum ersten NHL-Outdoor-Spiel der „Neuzeit" zu empfangen.

Larger than life: Überdimensionales Bild von mir beim „Winter Classic" im Foyer der HSBC Arena in Buffalo.

ständigen Einrichtung. Jeden 1. Jänner wird einer anderen Stadt die Ehre zuteil, dieses Spiel im Freien zu veranstalten. Heuer war es Chicago. Die Blackhawks empfingen die Detroit Red Wings im Wrigley Park, dem Baseball-Stadion von Chicago.

Mein zweites großes Vorbild neben Mario Lemieux war Jaromír Jágr. Die beiden haben in den 90ern gemeinsam in Pittsburgh gespielt. Am meisten hat mich an Lemieux und Jágr immer fasziniert, wie sie die Scheibe führen, das Spieltempo diktieren und das Spiel lesen konnten. Beide waren herausragende Individualisten, die sich stets in den Dienst der Mannschaft gestellt haben. Sie haben Tore geschossen und vorbereitet. Man wusste nie, welche Aktion sie im nächsten Moment starten würden. Das hat es für die Verteidiger umso schwieriger gemacht. Ich habe es als Kind geliebt, den beiden zuzuschauen. Das Zusammenspiel zwischen Lemieux und Jágr war höchste Eishockeykunst.

Davor, als ich noch ganz klein war, habe ich natürlich Wayne Gretzky am meisten bewundert – welches eishockeybegeisterte Kind hat das nicht getan? Wahrscheinlich ist er der Grund, dass ich schon sehr früh das Ziel gehabt habe, später einmal in der NHL zu spielen. Ich habe Hockeykarten und -pickerl gesammelt und Tausende davon besessen. Die Alben liegen noch bei meinen Eltern in Graz. Irrwitzig eigentlich, aber heute bin ich selbst auf einer dieser Sammelkarten.

Mein erster und wichtigster Trainer in der Kindheit war mein Vater Zdeněk. Natürlich war er zu Beginn auch eine Art Vorbild, aber nicht so wie ein Jágr, Lemieux oder Gretzky. Eigentlich kann ich mich auch an keinen österreichischen Spieler erinnern, den ich mir damals zum Vorbild genommen hatte. Von meinem Vater habe ich Eislaufen und Spielen gelernt und ihm bei seinen Spielen mit Zell am See zugesehen. Da habe ich einen ersten Vorgeschmack auf das bekommen, was es heißt, als Erwachsener Hockey zu spielen. Abgesehen von „The Great One“ Gretzky, ist mein Vater wohl eine von zwei Ursachen, wieso mich Eishockey von Anfang an begeistert und inspiriert hat. Er hat mir geholfen, meine Technik und das Eislaufen zu verbessern. Ich weiß noch genau, als wir am zugefrorenen Zeller See gestanden sind und ich nicht aufhören wollte, Schlittschuh zu laufen. Mein Vater hat mir von Beginn an alles beigebracht und das ist wichtiger als jedes Idol, dem ich später nachgeeifert habe. Ohne seine Basisarbeit, seine Überzeugung und Liebe zum Eishockey wäre ich heute nicht da, wo ich bin. Wenn es der Körper zulässt und ich ansprechende Leistungen bringe, kann ich mir gut vorstellen, noch lange Eishockey zu spielen. Irgendwann vielleicht nicht mehr in der NHL, aber möglicherweise noch ein, zwei Jahre daheim in Österreich. Mal sehen. Ich muss einfach mit Herz dabei sein. Mit 35 werde ich wahrscheinlich keine 40 Tore pro Saison mehr schießen.

Ein außergewöhnliches Beispiel, den richtigen Zeitpunkt für das Karriereende zu finden, ist Mark Messier. Noch im Alter von 43 Jahren erzielte der Kanadier aus Edmonton für die New York Rangers in der Saison 2003/04 ebenso viele Punkte (43). Nur der Lockout der gesamten darauf folgenden Saison hat verhindert, dass Messier jener Spieler mit den meisten absolvierten NHL-Partien ist. Nach diesem Jahr Zwangspause fühlte er sich mit knapp 45 Jahren nicht mehr in der Lage, seine Leistung zu bringen, und zog einen Schlussstrich. Mit 1756 Spielen hat er nur elf Begegnungen weniger in den Beinen als Rekordhalter Gordie Howe. Mehr Punkte als Messier konnte während seiner NHL-Karriere nur Wayne Gretzky verbuchen.

Powerplay-Spezialist

6.40: „Rivet took his shot, scooooores! Deflected in front of the net and Buffalo have taken the early lead. Mair was the last one to touch it."

Rick Jeanneret

Yes! Der Führungstreffer, nach nur sieben Minuten! Das wird unserem Spiel guttun, den Jungs und den Fans in der Halle den nötigen Rückenwind geben. Bemerkenswert, dass mit Adam Mair einer unserer harten Jungs einen so kniffligen Treffer erzielt. Das kontrollierte Abfälschen einer Scheibe, die mit einer Geschwindigkeit von mehr als 100 Stundenkilometer auf dich zufliegt, mag zwar beim einen oder anderen Zuschauer kaum Bewunderung hervorrufen, ist aber keine einfache Sache und verlangt vom Spieler Mut und Überwindung.

Meine Position im Überzahlspiel ist direkt vor dem Tor. Im Gegensatz zu den beiden Spielern an der blauen Linie, die das Powerplay „aufziehen", habe ich zwar vor dem Tor weniger oft und lange die Scheibe, aber ich führe das Powerplay bis zu einem gewissen Grad trotzdem. Je nachdem, was ich vor dem Tor mache, reagieren die Mitspieler und wählen den passenden Spielzug. Meine Aufgabe besteht in erster Linie darin, die gegnerischen Verteidiger vor dem Tor zu binden oder sie aus dem Weg zu räumen und dem gegnerischen Tormann die Sicht zu nehmen. Lässt er einen Abpraller zu, staube ich ab.

Sauber abgefälschte Pucks, sogenannte Tip-ins, sind meine Spezialität. Ich glaube, Adam Mair hat noch nicht viele Treffer dieser Art erzielt. Er, Peters und Kaleta sind bei uns die Leute fürs Grobe. Wenn sie Tore erzielen, dann am ehesten nach einem Ge-

Meine Spezialität: Ich fälsche einen Schuss unhaltbar für den Tormann (hier Senators-Goalie Ray Emery) ab.

stocher vor dem Tor. Umso mehr freut es mich jetzt, dass Adam gerade eben erfolgreich in meine Rolle geschlüpft ist.

Die Action vor dem Tor hat mir immer schon gefallen. Es ist ein Knochenjob, weil einem ständig eine Faust oder ein Schläger im Genick sitzt. Oft gewinnt nicht der Stärkere, sondern der, der einen Schritt schneller ist oder bessere Reflexe hat. Ja, mir macht es einfach Spaß, wenn die Scheibe auf mich zurast und ich nur Bruchteile einer Sekunde Zeit habe, um die Schaufel des Schlägers in die richtige Position zu bringen. Viele meinen, dass solche Tore nur „garbage goals“, also schmutzige Tore, sind. Ist mir egal, am Ende zählt jeder Treffer gleich viel.

Seit meiner Zeit an der High School übe ich, Schüsse abzufälschen oder mir die Scheibe mit dem Rücken zum Tor runterzustoppen, herzurichten und ins Tor zu schieben. Auf jemanden, der nicht Eishockey spielt, wirkt das verrückt. Ich verstehe das schon. Das Risiko, sich zu verletzen, ist im Eishockey im Vergleich zu anderen Sportarten ohnehin hoch. Ich empfinde dieses „Angeschossen-Werden“ als normal, was wohl damit zu tun hat, dass das seit Jahren genau mein Spiel ist. Im Training kommt es mehrmals vor, dass mich Pucks in den Magen, auf die Handgelenke oder Ellenbogen treffen und ich danach ein paar Eisbeutel brauche. Die Schmerzen sind nach ein paar Minuten weg und einige blaue Flecken gehören einfach dazu. So ist das Spiel. No pain, no gain. Ich bleibe nach dem Training oft noch am Eis und bitte ein paar Verteidiger, von der blauen Linie Schüsse auf mich abzugeben. Natürlich im Spieltempo. Alles andere hat ja keinen Sinn. Je härter, desto besser. Meine Kollegen haben sich daran gewöhnt. Da gibt es kein Zurückhalten. Weder im Training noch im Spiel. Unser Spiel ist so schnell, dass ein „Redirect“ für den Zuschauer oft wie Zufall aussieht – was es natürlich nicht ist.

Grundvoraussetzung für diese Art des Tore-Schießens sind gute Reflexe und Talent. Mit hartem Training kann man diese selbstverständlich verbessern. Ich habe das Glück, in Sachen Reflex gut veranlagt zu sein. Als Kind in Zell am See habe ich viel Tennis und Tischtennis gespielt. Gerade Tischtennis ist eine perfekte Übung, um seine Reflexe zu verbessern, Auge und Hand zu schulen, sie in schnelle und präzise Koordination miteinander zu bringen. Diese Hand-Auge-Koordination ermöglicht es überhaupt erst, 100-km/h-Schüsse unhaltbar für den Tormann abzufälschen. Es kommt auch im Spiel oft vor, dass ein Verteidiger von der blauen Linie gar nicht direkt aufs Tor schießt, sondern mich anvisiert und versucht, mir den Puck direkt auf die Schaufel zu passen.

Es freut mich, wenn sich meine Kollegen beim Training Tipps von mir holen, wie man abfälscht. Viele begehen den Fehler, dass sie im entscheidenden Moment einen Schritt zur Seite machen. Ich bin der Meinung, dass es einfacher ist, wenn man stehen bleibt oder einen Schritt auf den Puck zu macht. Das Timing beim „Tippen“ wird dadurch leichter und man nimmt dem Goalie noch dazu die Sicht. Der Schläger muss wie eine Verlängerung des eigenen Arms sein. Hat man das einmal verinnerlicht, wird die

Irgendwann ist es genug: Hier lege ich mich mit Bostons Verteidiger-Riesen Zdeno Chára an. Prügelei war das keine, nur ein kleines Scharmützel.

Aufgabe lösbar. Richtig unangenehm ist es, wenn ein Hüne wie Zdeno Chára von den Boston Bruins hinter mir steht. Mit seinen Eislaufschuhen ist er weit über zwei Meter groß.

Intensiv beschäftigen wir uns im Training auch mit dem Verhalten der Mannschaft in Unterzahl. Spiele werden meist durch diese Special Teams, also Konstellationen in Über- und Unterzahl, entschieden. Selbst die strengeren Regeln machen es heute fast unmöglich, im Spiel fünf gegen fünf Tore zu erzielen. Unsere Special Teams zeigen heuer eine starke Performance. Sowohl in Über- als auch in Unterzahl sind wir in den Top Ten der Liga. Unterzahl im Training zu simulieren, ist relativ schwierig, weil man seine Mitspieler und sich selbst ja nicht verletzen will. Aber gerade das Unterzahlspiel verlangt von den Spielern viel Aufopferungswillen und Körpereinsatz – Schusslinien müssen zugemacht, Schüsse geblockt werden.

Das Überzahlspiel kann man leichter trainieren. Wir spielen in unserer Powerplay-Formation zumeist mit vier Angreifern und nur einem Verteidiger. Der Grund ist einfach: Eine Mannschaft kann selten auf zwei gleich starke Links- beziehungsweise Rechtshänder in der Verteidigung zurückgreifen. Außer Detroit gibt es kaum Teams, die über je zwei sehr gute linke und rechte Verteidiger fürs Powerplay verfügen. In der ersten Powerplay-Einheit spielen wir mit Verteidiger Jaroslav Špaček und Flügelstürmer Jason Pominville an der blauen Linie. Oft sind es ihre Schüsse, die ich für den Tormann unhaltbar abfälschen kann.

Der Profi

8.53: „Spacek, one-timer, scoooooores! It's 2-0 Buffalo on the powerplay!"

Rick Jeanneret

2:0! Die Arena bebt, die Fans jubeln, singen und schreien. Die Burschen sind jetzt richtig in Fahrt. Die Unterbrechung nach dem Tor für eine Fernseh-Werbepause kommt vor allem den Sharks gerade recht, sie können sich sammeln, einen neuen Schlachtplan entwerfen. Wir haben das Momentum auf unserer Seite, die Freude und Euphorie über eine schnelle Zwei-Tore-Führung und das Gefühl, dass „es läuft". Die Unterbrechung ist auch eine willkommene Gelegenheit, einen kräftigen Schluck aus der Flasche zu nehmen. Ich trinke während eines Spiels bis zu fünf Flaschen „Gatorade", um den Flüssigkeitsverlust auszugleichen. Auch der Kalorienverlust ist mit 4000 Kalorien während eines einzigen Spiels enorm – daher ist ein sorgsamer Umgang mit den eigenen Essgewohnheiten ein wesentlicher Baustein, um die Strapazen einer Saison durchzustehen.

An Trainingstagen wird in der Halle morgens ein Frühstücksbuffet aufgebaut. Mit Tee, Kaffee, Fruchtsäften, Müsli, Omelette und Waffeln. Zu Hause vor dem Wegfahren trinke ich meistens einen Kaffee, in der Halle dann Fruchtsäfte. Nach Spielen und harten Trainingseinheiten bekommt man danach ohnehin einen Recovery-Shake mit Vitaminen und Proteinen. Über das Essen allein wäre der Verlust von 4000 Kalorien auch nicht wettzumachen. Erst recht nicht am Abend nach einem Spiel. Auch wenn die meisten in den Drittelpausen Früchte, vor allem Bananen essen.

Nach einem Training in der HSBC Arena gehen wir oft als „Männerrunde" Mittagessen. Wir haben einen Stamm-Italiener in einer der unzähligen Shopping-Malls in und um Buffalo. Die Runde besteht meist aus Drew Stafford, Clarke MacArthur, Chris Butler, Patrick Lalime, Craig Rivet und Henrik Tallinder. Tischgespräch? Natürlich Hockey, aber auch jede andere Sportart. Ich bin ja auch ein glühender Anhänger der Minnesota Twins, dem Baseball-Team aus meiner zweiten Heimatstadt, Minneapolis/St. Paul. Wann immer es geht, sehe ich mir ihre Spiele im Fernsehen an. Dann bin ich ganz Fan, trage auch ein T-Shirt der Twins.

Nach Auswärtsspielen gibt es beim Rückflug immer ein Menü mit drei oder vier verschiedenen Essen zur Auswahl: Hühnerfleisch, Steak, Fisch oder Pasta. Das Essen im Flieger ist jedenfalls erstklassig. Wenn wir im Hotel übernachten, wird extra ein Buffet für uns aufgebaut. Eigenen Koch haben wir keinen mit. Auch Ernährungspläne vonseiten der Sabres-Verantwortlichen für die Spieler gibt es nicht. Im Großen und Ganzen verlässt sich der Club darauf, dass jeder Profi weiß, dass er auf seine Ernährung achten muss. Ich esse am liebsten Steak und Gemüse. Sich mit Hamburger und Pizza vollzustopfen, geht auch nicht, wenn unsere Saison aus ist. Ich muss 365 Tage im Jahr darauf schauen, dass ich mich vernünftig ernähre und keinen Blödsinn mache. Ausnahmen sind natürlich gestattet – ohne die würde es auch nicht gehen. Wenn ich aber anfange, Raubbau am eigenen Körper zu betreiben, kommt das Ende meiner Karriere schneller als die Schlusssirene in einem Spiel.

Auch bei unserem Sohn Blake achten Ashley und ich auf eine gesunde, ausgewogene Ernährung. In der Früh ködern wir ihn mit Müsli und Früchten, was auch meistens gelingt. Gerne mag er Würstel, Pizza und Pasta. Ein Kind eben. Zu allem geben wir ihm möglichst viel Gemüse. Wie jedes Kind verdrückt er zwischendurch auch süße Snacks, am liebsten Gummibärchen.

Die kurze Unterbrechung ist vorbei, das Spiel geht mit einem Bully in der neutralen Zone weiter. Die Sharks gewinnen den Einwurf und starten ihre Attacke. Einige der Fans schütteln den Kopf, weil wir das Bully verloren haben. Das ist in jedem Sport ein Problem. Nur weil wir Profis sind, erwarten manche Beobachter Fehlerlosigkeit und gehen mit einem auch scharf ins Gericht, wenn nicht alles gelingt. Das tut dann ziemlich weh. Wir sind Menschen, welchen, wie auch allen anderen, Fehler passieren.

Professionalität umfasst für mich weitaus mehr, als aufs Eis zu gehen und meine Leistung zu bringen. Ich stehe unter genauer Beobachtung der Medien und Fans. Gut, ich war und bin sowieso nicht der Typ, der am Abend noch unbedingt die Sau rauslassen muss. Als Spieler der Buffalo Sabres habe ich ein gewisses Verhalten an den Tag zu legen. Keiner der Spieler darf vergessen, dass er den Club nicht nur am Eis, sondern auch außerhalb vertritt. Nach dem Spiel führt mein Weg meistens direkt nach Hause. Ab und zu gehe ich mit Ashley und einigen Kollegen noch Abendessen. „Um die Häuser ziehen" spielt's aber garantiert nicht. Deshalb kann ich auch kaum Tipps geben, wenn mich Freunde aus Österreich fragen, wo man in Buffalo gut ausgehen kann – ich war einfach schon viel zu lange nicht mehr in Downtown weg und wüsste gar nicht, welche Clubs derzeit gerade angesagt sind.

In meinem ersten Jahr in Buffalo, als Ashley noch in Minnesota aufs College ging und ich allein gewohnt habe, bin ich gelegentlich mit Kollegen in der Stadt unterwegs gewesen, aber das ist immer im Rahmen geblieben. Es kam auch nur vor, wenn wir am nächsten Tag kein Spiel hatten. Ich habe kein Problem damit, Regeln einzuhalten, und mache grundsätzlich keinen Blödsinn, wenn Alkohol im Spiel ist. Zum Glück bin ich von meinen Eltern gut erzogen worden. Ordentliches Benehmen ist für mich keine Anstrengung, sondern ganz normaler Alltag. Vielleicht finden das einige Leute langweilig, weil ich deshalb auch kaum „spannende" Geschichten für die Medien liefere. Viel lieber lasse ich meine Taten am Eis für mich sprechen.

Eishockey ist ein Job, der sich über das ganze Jahr erstreckt. Ich kann mich im Sommer nicht einfach ein, zwei Monate auf die faule Haut legen und nichts tun. Nach Saisonende gibt es einen kurzen Urlaub, dann startet man schon wieder mit der Vorbereitung auf die neue Saison. Da heißt es jeden Tag trainieren und mit den Gedanken schon wieder in der nächsten Spielzeit sein.

Disziplin ist nicht nur im Eishockey ein entscheidender Faktor, um erfolgreich zu sein. Ich denke, jeder, der in seinem Leben auf ein Ziel hinarbeitet, weiß, dass ein hohes Maß an Selbstbeherrschung unentbehrlich ist, um dieses Ziel auch zu erreichen. Vor allem, um den Erwartungen sich selbst gegenüber gerecht zu werden. Schon von frühen Kindesbeinen an habe ich den Vorteil, dass ich immer freiwillig trainieren gegangen bin. Jede Minute in der Eishalle war das pure Vergnügen. Das war natürlich auch für meine Eltern wesentlich einfacher. Wenn Kinder von Eltern oder einem Trainer zu etwas gezwungen werden müssen, ist das kein gutes Zeichen. Sie rebellieren und werden letztlich auch in der Jugend nicht bereit sein, hart an sich zu arbeiten. In solchen Fällen

Auch im Sommer wird trainiert, Pausen gibt es kaum.

ist es wohl besser, eine andere Sportart oder Beschäftigung für die Kleinen zu finden. Oder die Kleinen selbst finden zu lassen. Schließlich macht man am liebsten das, wofür man sich am meisten interessiert. Mich schaudert es jedes Mal, wenn ich an die sogenannten „Eislaufmütter“ und den beinharten Zwang ihren Kindern gegenüber denke.

Als ich als 14-Jähriger nach Amerika ging, wurde mir klar, dass ich auf einiges würde verzichten müssen, um meinen Traum „NHL“ zu verwirklichen. Gerade weil dieser Wunsch schon damals so stark war, sollte mir das aber nicht sonderlich schwerfallen. Zugegeben – nicht ganz so einfach war die Zeit mit 16, 17 Jahren. Da ist man in einem Alter, wo andere Jugendliche und Mitschüler auf viele Partys gehen und dann möchte man das im ersten Moment natürlich auch. Dieses Gefühl war aber immer schnell verflogen, sobald ich meine Gedanken wieder aufs Eishockey konzentriert hatte. Manchmal, wenn wir am nächsten Tag kein Spiel hatten, war es ja auch möglich, auf Partys zu gehen. Es blieb aber eher die Ausnahme. Trotzdem ging mir in dieser Zeit nichts ab, denn ich unternahm viel mit Freunden und Spielerkollegen. Oft trafen wir uns bei einem meiner Mitschüler zu Hause, ließen die Spielkonsolen heißlaufen oder gingen ins Kino. Das machte mir immer viel Spaß. Und man war deutlich früher im Bett, als wenn man auf eine Party gegangen wäre.

Insgesamt waren die vier Jahre von 1998 bis 2002 an der O´Gorman High School in Sioux Falls viel anstrengender als die Zeit später am College in Minnesota. Wir spielten nicht nur am Wochenende, sondern hatten auch unter der Woche Meisterschaft. Oft mussten wir dienstags oder mittwochs schon zu Mittag raus aus der Schule und anschließend vier, fünf Stunden mit dem Bus an den jeweiligen Austragungsort fahren. Dort räumten wir schnell die Sachen aus, legten unsere Ausrüstungen an und wärmten uns auf. Die Spiele waren meist gegen 22 Uhr zu Ende. Im Anschluss ging es die ganze Strecke mit dem Bus wieder retour nach Sioux Falls. Vor 3 Uhr morgens kamen wir da nie ins Bett.

Nach vier Stunden Schlaf mussten wir wieder raus aus den Federn und es ging ab in die Schule. Aber: Diese Knochenmühle härtet freilich auch ab und man lernt später den Luxus der NHL viel besser zu schätzen.

Da macht es dann auch nichts, wenn man kaum Geld zur Verfügung hat. Während meiner High-School-Zeit bezahlten die Verantwortlichen der Sioux Falls Stampede Gastfamilie und Ausrüstung, meine Eltern mussten Geld für das Essen beisteuern. Etwas Taschengeld bekam ich von ihnen natürlich auch. Das verwendete ich, um mit meinen Mitspielern ins Kino oder ab und zu eine Pizza essen zu gehen. Nebenjobs durfte ich in dieser Zeit noch keine annehmen. Ohne Zweifel haben mir diese Jahre im Alter zwischen 14 und 18 eiserne Disziplin abverlangt, aber mit dem großen Traum vor Augen ist alles viel leichter gegangen. In der Schule war ich ganz gut, auch wenn ich nicht zu den Besten zählte. Mathematik mochte ich immer gerne, auch Geografie und Geschichte. Biologie und Physik hingegen konnte ich weniger abgewinnen.

Als ich nach meinem High-School-Abschluss mit 18 Jahren zu den Golden Gophers an die University of Minnesota wechselte, wurde aus meiner subjektiven Sicht vieles einfacher. Ich begann am College, Sport- und Businessmanagement zu studieren. Man durfte sich die Kurse ja selbst einteilen und so konnte ich die Lehrveranstaltungen rund ums Eishockey drapieren. Also am Vormittag oder Abend, weil wir ja jeden Tag ab 14 Uhr zum Training in der Halle waren. Ich hatte ein volles Stipendium und durch meine guten Leistungen im Eishockey war es mir zwischendurch möglich, einen Kurs zu versäumen oder einen Test um ein paar Tage zu verschieben. Erspart wurde mir nichts. Jede versäumte Prüfung musste ich freilich nachholen.

Auch hatte ich am College die Möglichkeit, durch Nebenjobs mein erstes eigenes Geld zu verdienen. Nach jeder College-Saison arbeitete ich in einer der vielen Eishockeyschulen von Minnesota. Ich trainierte die kleinen Kinder und erhielt dafür bis zu 500 Dollar in der Woche.

Buffalo Soldier

11.25: „Kaleta comes in to help Butler out."

Rick Jeanneret

Vorhang auf für Patrick Kaleta. Unser „local boy" macht das, was er am besten kann. Er nagelt den San-Jose-Spieler mit einem harten Check gegen die Bande. Sein voller körperlicher Einsatz ist für uns unheimlich wichtig, denn er sorgt dafür, dass andere Spieler mehr Freiräume bekommen oder – so wie eben jetzt – den Puck erobern können. Die Fans jubeln und johlen. Sie lieben Pat, nicht zuletzt, weil er einer der ihren ist – ein Spieler direkt aus Buffalo.

Patrick ist ein klassischer „blue-collar"-Spieler. Der Begriff blue-collar – „Blaukragen" – beschreibt in den USA ursprünglich Menschen, die als Industriearbeiter oder Handwerker ihr Geld verdienen, im Gegensatz zum white-collar, dem Angestellten mit Anzug und Krawatte. Gerade weil die Menschen in Buffalo sich mit der Geschichte ihrer Arbeiterstadt identifizieren, hat sich Patrick zu einem der großen Lieblinge der Fans entwickelt. Er ist ein harter Arbeiter und ein sogenannter „Agitator". Seine Aufgabe im Spiel besteht darin, die Gegner – immer hart an der Grenze des Erlaubten – so lange zu stören und zu attackieren, bis sie die Nerven verlieren und Fehler machen. Das kann zum Beispiel ein spielentscheidender Puck-Verlust sein. Viel öfter aber versuchen sich die Gegner an Patrick zu rächen, foulen ihn und werden dann auf die Strafbank geschickt.

Buffalo zählt heute rund 275.000 Einwohner und ist damit kaum größer als Graz. Mit den weitläufig verstreuten Vororten kommt Buffalo auf rund 500.000 Einwohner. Es ist eine eis-

Erster Blick auf Buffalo, von der kanadischen Grenze kommend.

hockey- und footballverrückte Stadt und die Leute leben für ihre beiden großen Sportclubs: die Buffalo Sabres im Eishockey und die seit Jahren leider chronisch erfolglosen Buffalo Bills im Football. Viele investieren das ganze Geld, das ihnen übrig bleibt, damit sie die Spiele live in der Halle oder im Stadion erleben können. Jene, die kein Geld für Tickets mehr übrig haben, schauen zu Hause vor dem Fernseher. Ich werde natürlich oft auf der Straße oder in Restaurants erkannt, aber die Leute sind nie aufdringlich und haben großen Respekt vor der Privatsphäre von uns Spielern. Manche wollen ein Autogramm und die Hand schütteln oder einfach nur alles Gute wünschen.

Es ist ein angenehmes Gefühl, wenn sich die Menschen am Team aufrichten, stolz auf uns sind. Dafür sind wir da. Die Stadt hat ein hartes Schicksal hinter sich und das hat auch an ihren Einwohnern Spuren hinterlassen. Einst eine der wichtigsten wirtschaftlichen Metropolen der Vereinigten Staaten mit einer Vorreiterrolle in der Automobil- und Stahlindustrie, ist der wirtschaftliche Niedergang der letzten Jahrzehnte überall spürbar. Viele der Betriebe sind abgewandert und nur noch wenige, wie zum Beispiel Ford oder Chevrolet, haben hier Produktionsstätten. Die Bevölkerung hat sich seit den 1950er-Jahren halbiert und diese Abwärtsspirale hat am Selbstbewusstsein der Menschen genagt.

Die Verantwortlichen versuchen, das Stadtbild stetig zu verbessern und zu verschönern. Man kann Buffalo schwer mit Boston oder Chicago vergleichen. Aber meine Familie und ich mögen die Stadt von Herzen und für meine Eishockeykarriere war Buffalo immer ein guter, fast könnte man sagen magischer Boden. Beim „Frozen Four" 2003 habe ich hier mit den Golden Gophers die College-Meisterschaft gewonnen und wurde als „Rookie of the Year" ausgezeichnet.

Buffalos Umland ist für Naturliebhaber ein Paradies. Die Stadt liegt direkt am Eriesee, dem viertgrößten der fünf großen Seen in Nordamerika und in unmittelbarer Nähe der berühmten Niagarafälle. Seit Ende des 19. Jahrhunderts wird aus den Wasserkraftwerken des Niagara River Elektrizität gewonnen. Das hat Buffalo auch seinen Spitznamen „City of Light" eingebracht. 1881 wurde Buffalo zur ersten Stadt der Vereinigten Staaten mit einer elektrischen Straßenbeleuchtung. Wie soll ich es sagen? Man fühlt den Stolz dieser Pionierleistungen.

Es gibt eine Reihe von Städten in den USA, die mich faszinieren, wo ich mir auch vorstellen kann, zu leben. Am ehesten freilich Minneapolis/St. Paul – die „Twin City" – in Minnesota, wo die Familie von Ashley lebt und wir die Sommer verbringen. Aber auch Chicago und Boston mag ich sehr. Von Los Angeles bin ich auch beeindruckt, zum Leben ist es mir dort aber zu hektisch. New York City kommt nicht in Frage, auch wenn es für ein Wochenende fantastisch ist. Und Denver begeistert mich. Die Berge rundherum, die Möglichkeit, Schi zu fahren. Denver erinnert mich immer an Zell am See, wo ich ja die ersten zehn Jahre meines Lebens verbracht habe.

Unser zweiter Treffer hat den Sharks zugesetzt. Das Spiel ist jetzt zerfahren, die Scheibe springt einem San-Jose-Verteidiger von der Schaufel über die Plexiglasbande und ins Publikum. Wenn ein Puck ins Publikum geht, ist dieser natürlich ein wertvolles Souvenir. Wie beim Baseball wird das Spielgerät nicht zurück aufs Eis geworfen, sondern sicher verwahrt und bei der nächsten Möglichkeit darf ein Spieler den Puck signieren. Wenn ich es von hier oben richtig gesehen habe, hat ein kleiner Junge das Glück gehabt, den Puck zu ergattern. Triumphierend hält er die kleine Hartgummischeibe in die Höhe.

Ich weiß, dass nicht jedem Kind dieselben Chancen gegeben sind, seine Träume im Leben zu verwirklichen. Oft geraten Kinder, die von ihren Eltern nicht die nötige Aufmerksamkeit, Zuneigung und Liebe bekommen, auf die schiefe Bahn, landen auf der Straße, vor dem Richter oder im Gefängnis. Diese Problematik ist in den USA allgegenwärtig und deswegen ist es für mich persönlich sehr wichtig, zumindest einen kleinen Beitrag zu leisten, dieser Entwicklung entgegenzusteuern. Das mache ich im Rahmen meines Engagements für den „Boys and Girls Club“ in Buffalo.

Die 1926 gegründete Einrichtung hat sich zum Ziel gesetzt, Kindern aus benachteiligten Familien positive Eigenschaften, Einstellungen und Fähigkeiten zu vermitteln, um ihnen so zu helfen, den Weg in ein glückliches und erfolgreiches Leben zu ebnen. Ich hatte als Kind ja das Glück, jeden Tag nach der Schule mit meinem Vater in der Eishalle zu verbringen, weil dort sein Arbeitsplatz war. Stundenlang hatten wir die Eisfläche nur für uns und ich konnte diese Zeit mit meinem Vater sehr genießen. So wurde der Grundstein für meine späteren Erfolge gelegt. Ich bin sehr dankbar für dieses frühe Glücksgefühl und möchte den Jungs und Mädchen etwas davon zurückgeben.

In Summe betreut der „Boys and Girls Club“ in Buffalo 8000 Kinder und Jugendliche im Alter zwischen 6 und 18 Jahren. Rasse, Religion und kultureller Hintergrund spielen keine Rolle. Mehr als die Hälfte der Kinder sind afroamerikanischer Herkunft, drei Viertel sind Kinder von alleinerziehenden Müttern, in einigen Fällen auch Vätern. Das Angebot umfasst fünf Kernbereiche: Charakterbildung und Führungsverhalten, Erziehungs- und Karriereentwicklung, Kunst, Gesundheits- und Lebensfragen sowie Sport, Fitness und Entspannung.

Mein Programm ist Teil des Sportbereiches und nennt sich „Hattrick for Health“. Etwa 200 Kinder nehmen daran teil. Die

Kinder kommen nach der Schule, machen ihre Aufgaben unter Aufsicht im Club. Alles ist gratis und die Kinder werden angespornt, jeden Tag zu kommen. Für alle, die durchhalten, gibt es am Ende des Jahres eine Belohnung, heuer zum Beispiel neue Tennisschuhe und T-Shirts. Für die Eishockey-Kids habe ich in der HSBC Arena für jedes Heimspiel eine Suite gemietet, sodass sie ihren Vorbildern nahe sein können.

Fit mach mit

12.28: „Back now to Lydman, he got hooked down. Penalty coming up to San Jose.“

Rick Jeanneret

Zwei-Minuten-Strafe gegen San Jose. Das könnte jetzt schon unsere Chance auf die Vorentscheidung sein. Da hat sich der Sharks-Spieler alles andere als geschickt angestellt. Wegen Hakens auf die Strafbank geschickt zu werden, ist bitter. So eine Strafe fängt man sich meistens dann ein, wenn man einen Schritt zu langsam oder schon müde ist.

Es ist Anfang Februar, und schön langsam beginnt sich bei vielen Spielern die lange Saison durch Müdigkeit und Konzentrationsschwächen bemerkbar zu machen. Das ist unser 56. Saisonspiel heute – in Europa sind die Meisterschaften zu diesem Zeitpunkt vergleichsweise zu Ende. Allein im Grunddurchgang haben wir noch knapp 30 Spiele vor uns, alle werden hart umkämpft sein. Deswegen beginnt bei jedem NHL-Spieler die Vorbereitung auf die nächste Saison bereits im Frühjahr und Sommer – je nachdem, wie weit man in den Playoffs kommt – mit hartem Trockentraining. In den 1990ern konnte man es sich noch leisten, kurz vor dem Trainingscamp im September mit lockerem Training anzufangen. Wenn man heute nicht schon austrainiert ins Trainingslager einrückt, hat man keine Chance auf einen Kaderplatz.

Da wir letztes Jahr die Playoffs verpasst hatten, begann die Saisonvorbereitung für mich schon früh. Gemeinsam mit rund 20 anderen Profis wird den ganzen Sommer über in Minnesota mit meinem College-Fitness-Coach trainiert. Zunächst wird die abgelaufene Saison evaluiert und geschaut, was man am Training ändern muss. Anfang Mai geht es mit lockerem Trockentraining los – ein bisschen Anschwitzen, am Ergometer radeln, den Körper wieder an die Anstrengung gewöhnen. Nach zwei, drei Wochen gibt's dann nur mehr Vollgas: Montags, mittwochs und freitags wird ein 30-minütiges großes Zirkeltraining mit zwei Wiederholungen durchgeführt. Im Zirkeltraining werden mit hohem Tempo und großer Intensität Kraft und Kondition gleichzeitig trainiert. Nach dem Zirkeltraining geht's ab in die Kraftkammer, wo an den Bauchmuskeln und Hüften gearbeitet wird. Am Ende gibt es noch Balanceübungen für ein besseres Gleichgewicht am Eis. Dienstags und donnerstags wird auf der Laufbahn trainiert – kurze Sprints, Schnelligkeit, Koordination. In Wirklichkeit dreht sich hier alles nur um den berühmten „ersten Schritt". Wenn man diesen ersten Schritt am Eis schneller macht als der Gegenspieler, hat man schon einen unbezahlbaren Vorteil. Entweder man kann ungehindert aufs Tor ziehen, oder man zwingt den Gegner zu einem Foul, das zu einem Powerplay für das eigene Team führt.

Dieses Trockentraining ist für jeden Spieler brutal. Die Gedanken an die verpassten Playoffs lassen sich nur schwer abschütteln und bis zum ersten Eistraining sind es Anfang Mai noch gut zwei Monate. Da macht es auch keinen Unterschied, dass wir Profis sind. Wir spielen Eishockey, weil wir das Spiel lieben. Am liebsten würde jeder von uns nur am Eis stehen. In der heutigen Zeit geht das einfach nicht mehr. Die Basis für den Erfolg im Winter wird im Frühjahr und Sommer gelegt. Je länger die Saison dauert, umso mehr Wert gewinnt das Grundlagentraining, dem man sich im Frühjahr unterzogen hat. So anstrengend und fordernd das Zirkeltraining auch ist, so motiviert ist man dabei. Dieses Training bietet mehr Abwechslung als reines Krafttraining. Außerdem trainiert man ja mit Freunden und da will keiner eine Schwäche zeigen. Jeder gibt alles, bis zur totalen Erschöpfung. Keiner will da zurückstecken.

Bis vor wenigen Jahren hatte das Sommertraining noch einen ganz anderen Charakter. Selbst zu meiner Zeit am College. Damals wurde wesentlich mehr Wert auf die Kraftkammer gelegt. Gewichte, Gewichte, Gewichte – das war scheinbar das Mantra der Fitness-Coaches. Heute schaut das anders aus, nun wird mehr Augenmerk auf Koordinations- und Kraftübungen wie Springen gerichtet.

Anfang Juli sind alle erleichtert, denn zu diesem Zeitpunkt beginnt endlich das Training am Eis. Zunächst stehen wir drei bis vier Mal pro Woche auf unserem Arbeitsplatz. Wie beim Trockentraining gilt auch hier zunächst „easy does it". Der Körper muss erst wieder ans Eislaufen gewöhnt werden. Zu Beginn machen wir vielleicht eine halbe Stunde lockeres Training am Eis, danach noch ein Stunde Match, um langsam den Rhythmus wieder aufzunehmen. Ab Anfang August geht's auch am Eis wieder richtig zur Sache. Da wird fünf Mal pro Woche 40 Minuten Vollgas trainiert, danach noch 30 Minuten auf gutem Niveau gespielt.

Für das gute Niveau sorgen einige NHL-Stars in unserer Gruppe: Paul Martin von den New Jersey Devils, Keith Ballard von den Florida Panthers, Alex Goligosky von den Pittsburgh Penguins oder Blake Wheeler von den Boston Bruins. Der Rest unserer Trainingsgruppe besteht aus AHL-Spielern. Über die Jahre sind wir zu einer verschworenen Truppe zusammengewachsen. Wir bleiben auch während der Saison in Kontakt und treffen uns zum gemeinsamen Abendessen, wenn wir gegeneinander spielen.

Wenn wir im September bei unseren jeweiligen Clubs ins offizielle Trainingslager einrücken, ist jeder Einzelne von uns froh, so viel Arbeit bereits erledigt zu haben. Der Lohn sind die körperlichen Top-Werte bei den medizinischen Untersuchungen und Tests sowie das Gefühl, für die enormen Strapazen und Anstrengungen der nächsten Saison gerüstet zu sein. Viel spielt sich freilich im Kopf ab. Ein gutes Beispiel dafür ist unser Tormann, Ryan Miller. Ryan läuft gerne dann zur absoluten Hochform auf, wenn die meisten Spieler schon „am Zahnfleisch" gehen. Er gehört für mich zu den besten Torhütern der Welt. Er kann dich bereits im

Training zur Verzweiflung bringen und ich weiß gar nicht mehr, wie viele Spiele er uns heuer schon im Alleingang gerettet hat. Aber das Beste ist, dass er in den Playoffs nochmals um ein, zwei Klassen besser spielt. Da wird er zu einem richtigen Hexer. Natürlich immer vorausgesetzt, wir qualifizieren uns für die Playoffs. In meinen ersten beiden Saisonen bei Buffalo ist uns das ja gelungen und Ryan war in der Post Season schlichtweg genial. Wie die meisten anderen Goalies arbeitet auch Ryan Miller viel mit mentalem Training.

Bei mir ist das anders. Ich habe es nie versucht und habe es auch nicht vor. Ich möchte das zwar nicht als Hokuspokus abtun, aber diese Art des Trainings hat mir eben nie zugesagt. Wenn es anderen Spielern hilft – schön. Jeder hat seine Art und Weise, sich auf ein Spiel vorzubereiten. Aber ich halte nichts davon, eine halbe Stunde vor dem Match zu meditieren. Ich schätze mich selbst stark genug im Kopf ein und Bio-Feedback-Übungen würden mich nur müde und zu entspannt machen. Für mich ist aber ein gewisses Maß an Anspannung und auch Aggressivität vor einem Spiel immens wichtig, sonst schlafe ich am Eis ein. Im Gegensatz zu vielen europäischen Sportarten und Clubs gibt es bei den Sabres nicht einmal einen Mentaltrainer. Das ist Sache des jeweiligen Spielers.

Ich bin mental auch so weit gefestigt, dass ich mit keinem meiner Teamkollegen stundenlang über meine Verletzung diskutieren will. Okay, derzeit kann ich noch nicht mal reden, aber auch wenn die Drähte entfernt sind, werde ich nicht zu Timmy oder Derek gehen, um sie um Rat zu fragen. Es wäre vielleicht etwas anderes, wenn ich eine Knieverletzung oder etwas Ähnliches hätte. Dann könnte man sich wahrscheinlich den einen oder anderen Tipp von einem Kollegen holen, der so etwas schon selbst erlebt hat. Mein Kieferbruch aber ist für alle im Team neu. Die Einzigen, mit denen ich zu reden versuche, sind die Ärzte. „Wie lange noch?“, frage ich sie jeden Tag. Der Genesungsprozess geht mir viel zu langsam, ich möchte wieder aufs Eis.

Unsere kleine Farm

14.21: „Back it comes to Roy, and he scooooooores! Derek Roy rifles it home! Buffalo 3, San Jose 0, again on the powerplay!“

Rick Jeanneret

Ich applaudiere und balle dann kurz die Faust. Eine 3:0-Führung garantiert Ruhe in der Mannschaft und sollte wohl reichen, die Partie locker nach Hause zu spielen. Schön gemacht von Derek, wie er den Puck von Thornton zurückgestohlen und dann eiskalt eingenetzt hat. Diese Aktion erinnert mich an die Jahre 2004 und 2005, als wir gemeinsam in der AHL, der Talentschmiede der NHL, bei den Rochester Americans, dem Farmteam der Buffalo Sabres, gespielt haben.

Die Saison 2004/05 kann man das schwarze Loch der NHL-Geschichte nennen. Erstmals wurde eine komplette Saison gestrichen. Spielergewerkschaft und Vereine konnten sich auf keinen neuen Kollektivvertrag einigen. Diese Streitereien haben viel Wirbel in den gesamten Betrieb gebracht. Für mich – an der Schwelle zur NHL – war es nun wichtig, Ruhe und Übersicht zu bewahren. 2004 habe ich den ganzen Sommer in Minnesota verbracht, um mich auf die nächste College-Saison vorzubereiten. Erst Ende August habe ich meinen Rookie-Vertrag bei den Buffalo Sabres unterschrieben, obwohl ich schon ein Jahr zuvor gedraftet worden war. Warum ich mir mit der Unterschrift trotzdem so lange Zeit gelassen habe? Mein Agent und ich wollten warten, bis alles passte und erst dann den fälligen Profi-Vertrag in Buffalo unterschreiben. Hätte das nicht so funktioniert, wie wir uns das vorgestellt hatten, wäre es für mich auch überhaupt kein Problem gewesen, noch ein oder zwei Saisonen am College anzuhängen und meine Ausbildung abzuschließen. Kurz nach meiner Unterschrift wurde die NHL-Saison 2004/05 endgültig abgesagt. Lockout.

Sofort war für mich klar, dass ich die Saison im Farmteam der Sabres, bei den Rochester Americans verbringen würde. Viele der arrivierten Spieler haben es vorgezogen, hochdotierte Einjahresverträge in Europa zu unterschreiben und in der Schweiz, in Schweden oder Russland dem Puck nachzujagen. Das war nie eine Alternative für mich. Viele Jahre schon hatte sich die NHL vor meiner Nase abgespielt, nun wollte ich so nahe wie möglich „dran" bleiben. Europa war zu diesem Zeitpunkt keine Option. So hatte ich in Rochester die Chance, bei jedem Spiel vor den Augen des Buffalo-Managements „vorzuspielen". General Manager Darcy Regier und Coach Lindy Ruff haben sich die meisten Spiele in Rochester in der Halle angesehen. Für den weiteren Verlauf meiner Karriere war das genau der richtige Schritt. Wir haben in Rochester bereits jenes System trainiert, mit dem wir im Jahr darauf die komplett „neue NHL" überraschen sollten. Vielleicht hätte ich in diesem Jahr in Europa mehr Geld verdienen können, aber ich hätte niemals diese Erfahrungen gesammelt, die ich in Rochester machen konnte.

Es fiel mir zum Glück nicht schwer, mich in Rochester einzuleben. In der „Flower City" lebt mein Agent Steve Bartlett. Er nahm mich väterlich in seinem Haus auf. Durch Steve lernte ich schnell die Stadt kennen und wir führten unzählige Gespräche über Eishockey als Profisport. Diese Phase war für mich sehr wichtig. Mir war klar, dass der Konkurrenzkampf aufgrund des Spielerstreiks in der NHL am Rande der Brutalität sein würde. Da die NHL ausfiel, standen plötzlich rund 900 der besten Eishockeyspieler der Welt ohne Job da. Wer sich nicht für ein Jahr bei einem Club in Europa verdingte, spielte in dieser Saison in der AHL, bei einem der Farmteams der NHL-Clubs. Nur ganz wenige ließen die Saison komplett aus und nahmen sich lieber ein Jahr unbezahlten Urlaubs.

Training bei den Rochester Americans, dem ehemaligen Farmteam der Buffalo Sabres.

Trotzdem, oder gerade deswegen, war dieser Schritt genau der richtige für mich. Selbstverständlich hat man seine Vorstellungen, wie es in einer Profiliga zugeht, die Realität belehrt einen dann aber rasch eines Besseren. Das Tempo war viel höher, die Checks wurden beinhart zu Ende gefahren und das Leistungsgefälle innerhalb des Teams war kaum wahrnehmbar. Wer zwei oder drei schlechte Spiele ablieferte, war sofort weg vom Fenster. Gleichzeitig war genug Platz und Zeit, um dauerhafte Freundschaften zu entwickeln. Jason Pominville, Derek Roy, Clarke MacArthur, Paul Gaustad, Ryan Miller, Nathan Paetsch – wir haben uns gemeinsam durch diese harte AHL-Schule gekämpft und allesamt später den Sprung zu den Buffalo Sabres geschafft. Das Jahr in Rochester hat uns zusammengeschweißt und ein aufeinander abgestimmtes Spielverständnis geschenkt.

Faszinierend war, wie simpel das Leben in der AHL abgelaufen ist. Keine Rede von teuren Charter-Flügen zu Auswärtsspielen. Stattdessen sind wir mit einem einfachen Greyhound-Bus, bei dem man nicht einmal die Sitze verstellen konnte, durchs Land gefahren. Das ist einerseits brutal, vor allem wenn man zehn oder zwölf Stunden zu einem Auswärtsspiel unterwegs ist, andererseits ist es eine gute Schule fürs Leben, für das wir zumindest sprichwörtlich lernen. Man lernt in diesen Zeiten Demut und Dankbarkeit für jene Zeit, in welcher der Sprung in die große Liga gelingt, wo plötzlich clubeigene Flieger zur Verfügung stehen und dir auch sonst jeder Wunsch von den Augen abgelesen wird. Und, wie schon gesagt, diese Erfahrungen schweißen die Spieler zusammen. An Lagerkoller war da gar nicht zu denken. Wo ein Wille, da auch ein Weg. Wir haben es selbst in den Greyhound-Bussen geschafft, einen Kreis zu bilden und Karten zu spielen. Damals war gerade der große Poker-Hype. Neben Poker haben wir vor allem das weltweit beliebte „Herzeln“ gespielt.

Einen ersten Vorgeschmack auf den Medien-Hype in Buffalo habe ich gegen Ende meiner ersten und einzigen AHL-Saison bekommen, als man in Österreich langsam realisiert hat, dass da in den USA ein Österreicher ist, der erfolgreich Eishockey spielt. Wie zuvor am College und in der High School, war ich auch am Ende der AHL-Saison trotz eines mäßigen Starts der Topscorer meines Teams und ich erinnere mich heute noch, als der ORF die ersten TV-Ausschnitte meiner Spiele aus Rochester angefordert hat, um ein erstes, kleines Porträt über mich zu senden. Das hat mich schon stolz gemacht – und erstmals ist mir bewusst geworden, dass ich für viele junge Spieler daheim eine Vorbildfunktion übernehmen kann.

Im Jahr 2007 wurde ich in Österreich sogar zum „Sportler des Jahres“ gewählt. Das hat mich vor allem deswegen sehr gefreut, weil ich der erste Eishockeyspieler in Österreich war, dem diese Auszeichnung zuteil wurde. 300 Sportjournalisten haben mich vor alpine Ikonen wie Mario Matt und Benjamin Raich gereiht.

Meine Eltern Jarmila und Zdeněk nehmen in meiner Abwesenheit am 24. Oktober 2007 die Ehrung zum „Sportler des Jahres" in Österreich entgegen.

Ich war total überrascht, diese Auszeichnung zu gewinnen. Ein paar Wochen vor der Preisverleihung wurde ich informiert, dass ich unter den Top 5 der Wahl sei, aber selbst da habe ich mir noch keine Siegeschancen ausgerechnet. Normalerweise stauben ja Schifahrer und Fußballer den Preis ab. Leider konnte ich die Trophäe nicht selbst entgegennehmen, da wir am Tag der Preisverleihung ein Spiel in Carolina hatten. Mir blieb nichts anderes übrig, als via Videoschaltung nach Österreich meinen Dank an die Presse auszudrücken. Den Preis nahmen meine Eltern entgegen und sie haben ihn bis heute behalten. Ich glaube, ich muss noch einmal „Sportler des Jahres" werden, damit ich meine eigene Trophäe habe …

So richtig bewusst ist mir meine wachsende Popularität in Österreich ein paar Monate davor geworden. Im Juni war ich wie üblich auf Heimatbesuch in Graz. Mein Manager Herwig Straka hatte nach meiner tollen Saison erstmals eine große Pressekonferenz im Restaurant Steirereck am Pogusch im Grenzgebiet zwischen der Steiermark und Niederösterreich organisiert. Plötzlich waren da Dutzende Journalisten, TV-Kameras und Radio-Reporter. In Buffalo war ich so einen Auflauf ja schon gewöhnt, aber daheim in Österreich war das neu für mich. Ich gebe zu, dass mich das schon sehr stolz gemacht hat.

Mit Herwig verbindet mich mittlerweile eine tolle Freundschaft. Ich schätze seine Ehrlichkeit und Verlässlichkeit. Das sind Eigenschaften, die bei Managern leider nicht immer selbstverständlich sind. Bei ihm habe ich aber stets das Gefühl, dass der Mensch im Mittelpunkt steht, der Rest ergibt sich dann wie von selbst. Es ist mir auch wichtig, in Österreich eine Vertrauensperson zu haben, die mir bei verschiedenen Ideen und Aktionen unter die Arme greift. So möchte ich in Zukunft auch in meiner Heimat Charity-Veranstaltungen machen. Vielleicht ein Golfturnier mit anderen österreichischen Athleten und Hockey-Freunden. Am Ende soll auf jeden Fall Geld für einen guten Zweck

Gemeinsam mit meinem Manager Herwig Straka bei der Pressekonferenz am Pogusch im Juni 2007.

übrig bleiben. Da weiß ich, dass ich mit Herwig den perfekten Partner an der Seite habe, der mir bei der Ausrichtung eines solchen Events helfen wird.

Die Pressekonferenz am Pogusch hat bei mir auf jeden Fall einen bleibenden Eindruck hinterlassen. Das Steirereck gefiel mir so gut, dass ich es danach sogar noch privat mit Ashley besucht habe. Es ist ein romantischer Kontrapunkt zu allem, was man sonst so aus den USA kennt.

Mit etwas zeitlichem Abstand bin ich mittlerweile überzeugt, dass die Pressekonferenz auch ein Mitgrund für meine Wahl zum „Sportler des Jahres" war. Eben weil ich erstmals für die wahlberechtigten Sportjournalisten vor Ort greifbar war. Durch die Zeitverschiebung, die große Distanz und unseren gedrängten Zeitplan ist es für die heimische Presse sonst nur sehr schwer, mich zu erreichen. Die große Begeisterung, die mir daheim entgegengebracht wurde, verlieh mir auf jeden Fall auch großes Selbstvertrauen.

Selbstvertrauen dosiert und klug einzusetzen, ist für jeden Jugendlichen ein entscheidender Schritt zu einer erfolgreichen Karriere. Übermut tut selten gut. Dieser Spruch trifft auf jugendliche Heißsporne immer wieder zu. Sie versuchen, das Publikum durch ihren Eigensinn, der in einem Mannschaftssport rasch zur Belastung werden kann, zu beeindrucken. Sie wollen so schnell wie möglich in die NHL, nicht wenige scheitern genau wegen dieser Ungeduld. Viele schaffen den Sprung von der AHL in die NHL erst nach drei, vier Jahren. Dabei lernen sie, geduldig zu bleiben, kühlen Kopf und eine ruhige Hand zu bewahren. Eigenschaften, die im Eishockey über Sieg oder Niederlage entscheiden können.

Talent fürs Eishockey kann man früh erkennen, wenn man den Kindern zuschaut. Im Alter zwischen 8 und 14 Jahren sieht man am besten, welche Veranlagungen die Kinder haben. Manche sind unglaublich schnell am Eis, andere weisen neben körperlicher Robustheit auch spielerisches und stocktechnisches Geschick auf, manche wissen nahezu immer, wo sie am Eis stehen müssen, haben eine herausragende Spielintelligenz, gerade im Verhalten ohne Puck. Sie machen Spielzüge und Pässe, an die andere nicht einmal denken würden. Talent ist zwar hilfreich, aber nicht das wesentliche Kriterium, um erfolgreich zu sein. Ebenso wichtig sind die harte körperliche Arbeit, die Konsequenz und das Durchhaltevermögen. Diese „Lehrjahre" beginnen im Alter von 15, 16 Jahren. Jene, die Entbehrungen auf sich nehmen und auf Partys, Alkohol und Drogen verzichten können, haben eine große Chance, später mit Eishockey oder in einer anderen Sportart ihr Geld zu verdienen.

Die Motivation und den Spaß, mit Kindern und Jugendlichen zu arbeiten, habe ich sicher von meinem Vater. Daher ist es für mich gut denkbar, dass ich mich gezielt in diesem Bereich engagiere. Eine Überlegung ist, mich an meinem High-School-Team, den Sioux Falls Stampede, zu beteiligen. Es ist sicher eine schöne Aufgabe, sich um Umfeld und Trainerteam für die jungen Talente zu kümmern. Ideen und Konzepte zu entwickeln, die jungen Spielern helfen, ihrem Traum von der NHL ein Stück näher zu rücken. Außerdem kann ich mir ein Leben ohne Eishockey – in welcher Form auch immer – gar nicht vorstellen. Es macht mir einfach Spaß, meine Erfahrung an jüngere Spieler weiterzugeben.

Das Prinzip Hoffnung

18.17: „Marleau – he scores!? That one caught Ryan Miller by surprise. And Rick Jeanneret by surprise as well. San Jose gets a powerplay goal."

Rick Jeanneret

Hoppala! So ein Gegentreffer kurz vor Ende des Drittels erzeugt Aufwind beim Gegner. Kräfte und Konzentration lassen zum Ende eines Spielabschnittes immer nach. San Jose hat das jetzt geschickt und eiskalt ausgenützt. Jede Mannschaft weiß, dass Tore, die knapp vor der Pause oder gar vor dem Ende erzielt werden, besondere psychologische Effekte auslösen können. Man spürt, wie bei den San-Jose-Spielern nach ihrem ersten Treffer durch Marleau die Hoffnung auflebt. Die positive Erwartungshaltung versetzt der Mannschaft den sprichwörtlichen Ruck.

Im Spiel wie im Leben geht es rauf und runter. Es ist notwendig, sich rasch auf veränderte Situationen einstellen zu können. Respekt und Kommunikation im Umgang mit meinen Teamkollegen sind die Grundvoraussetzungen für jeden Erfolg. Das Eishockey hat mich gelehrt, nach Niederlagen und Rückschlägen positiv zu bleiben. Als junger Spieler neigt man eher dazu, nach schlechten Spielen negative Gedanken zu wälzen und sich darüber zu ärgern, dies oder jenes nicht besser gemacht zu haben. Ich verstehe jeden, dem es so geht. Auch ich habe früher viel länger gebraucht als heute, um Niederlagen abzuhaken. Doch je schneller man den Blick wieder nach vorne richtet und positiv auf die Dinge zugeht, desto weniger Selbstvertrauen verliert man. Diese Einstellung gilt nicht nur fürs Eishockey, sondern auch für das Leben weg vom Rink. Sich ständig aufzuregen, hilft am Ende ja nichts. Ich muss lachen, wenn ich Autofahrer sehe, die vor Wut schäumen, mit der Faust auf die Hupe eintrommeln und ganz offensichtlich mit den anderen Autofahrern schimpfen. Mein Gott, was soll das denn bringen? Ein Stau löst sich dadurch auch nicht schneller auf! Manchmal lohnt sich Lethargie.

Auf dem Eis löst sich nun auch der Stau vor unserem Tor. Pawelskis Schuss aus der neutralen Zone kommt zeitgleich mit der Pausensirene und ist kein Problem für Ryan Miller. Wir führen nach 20 Minuten 3:1, aber in den letzten beiden Spielminuten haben die Sharks nicht nur ein Tor erzielt, sondern auch eindeutig die Initiative übernommen.

Im Prinzip muss die Hoffnung in jeder Phase des Spiels da sein. Klar, ein Rückstand von fünf Toren eine Minute vor Schluss wird sich nicht aufholen lassen, dafür keimt die Hoffnung, im nächsten Spiel wieder erfolgreich zu sein. Die meisten Partien sind jedoch knapp, der Vorsprung beträgt oft nur ein Tor. Dann ist bis zur letzten Sekunde alles möglich.

4. Mai 2007: Es war eines jener irren Spiele. Wir hatten die New York Rangers zu Gast und sie führten unmittelbar vor Schluss mit 1:0. 15 Sekunden vor der Schlusssirene konnten sie sich jedoch nur durch einen unerlaubten Weitschuss Luft verschaffen. Also: Bully in unserem Angriffsdrittel. Chris Drury, einer der stärksten Bully-Spieler der Liga, tritt gegen Michael Nylander an. Drury erkämpft sich den Puck und spielt die Scheibe zurück auf Tim Connolly. Dessen Schuss wird geblockt, der Rebound kommt zu Drury und der jagt die Scheibe durch meine Beine zum Ausgleich ins Tor. Exakt 7,7 Sekunden vor Ablauf der 60 Minuten. In der Overtime die Krönung: Schlagschuss von Maxim Afinogenow und der Kuchen war gegessen. Die HSBC Arena war ein Tollhaus, Max schlitterte am Bauch übers Eis und ließ sich von uns feiern.

Ich wollte schon als Kind immer gewinnen. Wenn es in der Schule nicht gut gelaufen ist, bin ich einfach in die Halle und habe alles andere um mich herum vergessen. Das ist bis heute so. Auch wenn sich mit einem Kind die Prioritäten verschieben und Eishockey nicht mehr das Allerwichtigste in meinem Leben ist. Ich empfinde Glück und Freude, wenn unser Sohn Blake Spaß am Spiel hat. Der Kleine ist auch das beste Mittel, um mich nach Enttäuschungen aufzubauen. Ist es einmal nicht so gelaufen, wie ich es mir vorgestellt habe, reicht es schon, wenn ich ein paar Minuten mit Blake spiele und alles andere ist vergessen und weggesteckt. Es sind ähnliche Momente wie jene am Eis, wo sich die Zeit im Tun auflöst. Die Welt durch die Augen der Kinder zu sehen, eröffnet jedem Elternteil neue Perspektiven. Viele Probleme, die in der Welt der Erwachsenen gewälzt werden, existieren für die Kleinen nicht. Sie sind neugierig und abenteuerlustig, oft auch übermütig. So ist es immer wieder eine neue Herausforderung, gegenüber den Kindern die richtige Mischung aus Freiheit und Grenze, Milde und Strenge zu finden.

Mein ganzer Stolz: Sohn Blake Thomas.

Letztlich geht jeder seinen individuellen Weg. Ein Masterplan zum Erfolg existiert im Eishockey nicht. Vielleicht vertrauen manche einer glücklichen göttlichen Fügung, ich jedenfalls habe noch nie darum gebetet, dass ich im nächsten Spiel zwei Tore erziele. Ich glaube nicht, dass es die göttliche Hand, die für mich die Scheibe im Tor unterbringt, gibt. Das müssen meine Kollegen und ich allein auf die Reihe kriegen. Von außen hilft dir da niemand. Von Gott erhoffe ich mir, dass er meiner Familie und mir Gesundheit schenkt. Der Glaube ist mir sehr wichtig, auch wenn ich nicht religiös im Sinne des regelmäßigen Kirchenbesuches bin. Trotzdem war die kirchliche Trauung mit Ashley einer jener Momente, die meine Seele tief berührt haben.

Erste Pause – Ashley

20.00: „Well, the Buffalo Sabres have to be happy."

Harry Neale, TV-Co-Kommentator

Die meisten Fans sind mit der Pausensirene aufgesprungen und stellen sich nun bei den diversen Hot-Dog-, Pizza- und Hamburger-Ständen an. Einige Fans warten den ersten Ansturm ab und bleiben auf ihren Plätzen. Sie stehen in den nächsten Minuten im Mittelpunkt, wenn die sogenannte „Kiss Cam" ihre Jagd aufnimmt. Am Videowürfel unter dem Hallendach erscheint ein großes Herz, die TV-Kameras fangen verschiedene Pärchen auf ihren Sitzen ein. Wer am Bildschirm des Jumbotrons erscheint, muss sich küssen. Das sorgt immer für großes Gelächter, denn die Auswahl geht von frisch verliebten Jugendlichen bis hin zu gemütlichen und in allen Ehren ergrauten Pensionistenpärchen.

Küssen mit zugenähtem Mund ist nur bedingt reizvoll, das sieht auch meine Frau so. Ich habe Ashley vor gut sieben Jahren am College kennengelernt. Durch eine gemeinsame Freundin, Haley, die am College Fußball gespielt hat. Während der verschiedenen Unterrichtsstunden lernt man immer wieder Sportler aus anderen Sparten kennen und geht dann gemeinsam Mittagessen. Natürlich trifft man sich auch immer wieder mal am Abend bei einer Party oder in einem Lokal am riesigen Campus. Die US-Unis sind ja fast wie eine Kleinstadt. Bei 55.000 Studenten kein Wunder. Da gibt es auch jede Menge Bars und Restaurants.

Es war während meines zweiten College-Jahres, als ich mit einigen Freunden am Campus unterwegs war. In einer Bar trafen wir Haleys Fußballerinnen-Runde. Obwohl selbst keine aktive Sportlerin, war auch meine zukünftige Frau dabei. Sie stach mir sofort ins Auge und ich wusste, dass ich sie unbedingt näher kennenlernen wollte. Haley musste die „Kupplerin“ spielen und diese Taktik funktionierte gut. In den nächsten Tagen und Wochen trafen wir uns häufig und „zufällig“ zum Mittagessen.

Dann kam der Sonntagnachmittag, ich war gerade von einem Auswärtsspiel zurück nach Minneapolis gekommen. Ashley und ich hatten zuvor wieder einmal stundenlang telefoniert und uns zum Abendessen in einem Restaurant am Rande des Campus verabredet. Ich hatte vor diesem Date schon ein gutes Gefühl und wollte so wenig „Zuschauer“ wie möglich dabei haben. Was soll ich sagen? Wir haben uns zum ersten Mal geküsst.

Das darauf folgende Jahr 2004 war das schwierigste in unserer Beziehung. Nachdem ich im Spätsommer meinen Vertrag bei den Sabres unterschrieben hatte, die Saison aber wegen des Lockouts ausfallen würde, zog ich ins 1268 Kilometer entfernte Rochester weiter, um in der AHL zu spielen. Diese Phase war wirklich hart, wir konnten die meiste Zeit nur telefonieren, sahen uns selten. Das Problem bestand darin, dass Ashley zu dem Zeitpunkt, als meine Weiche in Richtung Rochester gestellt wurde, bereits die Einteilung ihrer Unterrichtsstunden am College in Minneapolis eingereicht hatte. So gab es kaum Zeitfenster für einen Besuch bei mir. Im Endeffekt ist es aber wie mit allem im Leben: Wenn man etwas wirklich will, findet man auch Mittel und Wege, es zu schaffen. Wir haben dieses Jahr irgendwie gemeistert und sind zusammengeblieben. Zurückblickend würde ich sagen, dass diese harte Probe unsere Beziehung weiter gestärkt hat.

Im Jahr darauf war ich bereits in Buffalo und alles ging viel leichter. Ashley teilte sich ihre Stunden so ein, dass sie schon am Donnerstag ihre College-Stunden erledigt hatte und übers Wochenende zu mir fliegen konnte. Im Jahr darauf wurde sie schwanger und zog ganz zu mir nach Buffalo. Nun musste ich bloß noch die Hochzeit einfädeln: Nach dem Ausscheiden in den Playoffs gegen Ottawa im Frühsommer 2007 flog ich mit Ashley

Just married.

nach Miami auf Urlaub. Ich hatte diesen Moment extra abgewartet. In Buffalo und während der Saison war es mir einfach zu wenig romantisch. In Miami gingen wir in ein schönes Steakhouse essen und danach an den Strand. Keine Ahnung, ob Ashley bereits darüber nachgedacht hatte, aber als ich ihre Hand nahm und fragte, ob sie meine Frau werden wolle, kam ihre Antwort sehr, sehr schnell.

Die Hochzeit letzten Sommer war ein einziger Traum. Um 14 Uhr fand die kirchliche Trauung in einer katholischen Kirche in Minneapolis statt. Blake und ich waren im Partnerlook gekleidet: schlichter, schwarzer Anzug, dazu ein weißes Hemd und Krawatte. Ashley trug ein atemberaubendes, sehr schlank geschnittenes blütenweißes Hochzeitskleid. Der Moment, als sie die Kirche betrat und mir der Gedanke einschoss, dass wir einander gleich ein lebenslanges Versprechen geben würden, war einzigartig. Meine Knie wurden zittrig und ich hatte Tränen in den Augen. Mein „best man" war Mathias Lange, fünf andere gute Freunde fungierten als „Assistenten". Aufgabe des „best man" ist, die Eheringe bereitzuhalten und danach das Hochzeitsprotokoll zu unterschreiben – also in etwa das, was ein Trauzeuge in Österreich macht.

Um 15 Uhr startete die Hochzeitsparty für die rund 250 Gäste in einem Golfclub, nicht weit von der Kirche. Ashley, die insgesamt zwölf Trauzeugen und ich stiegen nach der Kirche in einen Partybus, fuhren durch die Stadt und stießen mit Sekt auf die Hochzeit an. Gegen 17 Uhr trafen wir ebenfalls beim Golfclub ein. Da wurden dann noch eine Stunde lang die Hochzeitsfotos gemacht und ab 18 Uhr ging es mit der Hochzeitstafel los. Nach dem Essen begann schließlich die große Party. Als Gastgeschenke gab es für Familie und Freunde Mozartkugeln und Mozarttaler. Die Idee hatte Ashley. Einziges Problem: Diese österreichischen Spezialitäten gibt es in den USA nicht. Egal auf welchem Weg, diese Süßigkeiten waren einfach nicht aufzutreiben. Mein Manager Herwig entpuppte sich da als Retter in letzter Sekunde. Gemeinsam mit einigen Freunden schmuggelte er je 600 Mozartkugeln und -taler in mehreren Taschen aus Österreich in die USA. In New York verpackte er die Naschereien in einen Karton und schickte sie mir per Post nach Minnesota – die Überraschung für unsere Gäste war gerettet!

Richtige Flitterwochen haben wir bis heute nicht gemacht. Wenige Tage nach der Hochzeit sind wir mit der gesamten Familie auf Heimaturlaub nach Graz gefahren. Das war zwar nicht besonders romantisch, aber ich wollte meinen Schwiegereltern unbedingt meine Heimat zeigen. Für Flitterwochen haben wir in den nächsten Jahren noch genug Zeit.

Unverheiratete Kollegen haben mich in den letzten Monaten immer wieder gefragt, ob sich für mich durch die Hochzeit etwas geändert hätte. Ich kann ihnen darauf im ersten Moment nur „Nein" sagen. Ashley und ich kennen einander seit sieben Jahren, wir leben seit geraumer Zeit zusammen und haben ein gemeinsames Kind. Wir sind einfach glücklich, einander gefunden zu haben. Letztlich ist der Ehering nur ein sichtbares Symbol für die Liebe, die mich mit Ashley verbindet. Während der Spiele muss ich ihn ohnehin vom Finger nehmen, weil er beim Schießen ganz schön schmerzt. Die Kraft, die mir Ashley und Blake geben, ist sicher ein Grund, warum es heuer bis zu meiner Verletzung so gut gelaufen ist. Ich gehe alles viel entspannter an, weiß, dass ich das Wichtigste im Leben bereits gefunden habe – die Liebe meines Lebens.

Risiko

21.47: „Sharks keep it in with a shot that caroms off Paille."

Rick Jeanneret

Diesen geblockten Schuss wird Danny Paille morgen auch noch spüren. Danny hat mir in der laufenden Saison meine ersten beiden NHL-Tore in Unterzahl überhaupt aufgelegt. Das war ein schönes Gefühl. Ich habe es genossen, dass ich zu Beginn der Saison das Vertrauen des Trainers bekommen und auch in Unterzahl gespielt habe. Als Spieler will man seinem Team ja immer helfen, besonders in brenzligen Situationen wie mit einem Mann weniger auf dem Eis.

Danny und ich haben heuer schon im Trainingscamp gemeinsam in Unterzahl gespielt und die Chemie hat von Anfang an gestimmt. Das hat wohl auch der Coach so gesehen und er hat uns von Saisonbeginn an in Unterzahl zusammengespannt. Ein Mitgrund war allerdings auch, dass bei uns einige Schlüsselspieler zu diesem Zeitpunkt verletzt waren. Ich glaube, wir haben dem Trainer das Vertrauen trotzdem mehrfach zurückgezahlt. Auf der einen Seite haben wir keine Tore zugelassen, auf der anderen Seite gleich zwei Mal selbst in Unterzahl zugeschlagen. Mein „Shorthander" gegen die New York Islanders im zweiten Saisonspiel war der erste in meiner ganzen Karriere. Soweit ich mich erinnern kann, ist mir das selbst in meinen Kinder- und Jugendtagen nicht gelungen.

So schön das Gefühl bei diesem Treffer auch war, viel wichtiger war, dass wir einen guten Job in der Defensive gemacht haben. Nach dem Treffer gegen die Islanders haben mich viele Journalisten gefragt, ob meine „Sammlung" jetzt komplett sei. Ich habe das verneint und auch ganz ehrlich so gemeint. Erstes Ziel in Unterzahl muss immer sein, einen Gegentreffer zu verhindern. Dass man mit einem Mann weniger am Eis selbst einen Treffer erzielt, ist eine Ausnahme und Draufgabe.

Einsätze in Unterzahl sind aus meiner Sicht auch noch aus einem ganz anderen Grund wichtig: Man bleibt dadurch besser im Spiel. Wenn man nicht in Unterzahl spielt, kann es schon mal vorkommen, dass man sechs oder sieben Spielminuten auf der Bank sitzt und auf seinen nächsten Wechsel wartet. In „echten" Minuten sind das mit den Unterbrechungen und Werbepausen vielleicht sogar 16 oder 17 Minuten. Das macht weder Spaß, noch ist es für das eigene Spiel hilfreich. Man kühlt aus, verliert den Rhythmus und das Gefühl fürs Eis beziehungsweise den Puck.

Nach einigen Wochen wurden Danny und ich von unserer Unterzahlaufgabe abgezogen. Jochen Hecht und Tim Connolly hatten ihre Verletzungen auskuriert und waren ins Team zurückgekehrt. Das war es dann. In den Profiligen hier in den USA werden Entscheidungen weit weniger kommentiert und erklärt als in Europa. Da ist Amerika wie früher Ernst Happel. Jeder muss Profi genug sein, solche Entscheidungen zu akzeptieren. Die einzige Möglichkeit zu „protestieren" ist, sich im Training noch mehr anzustrengen und mit Leistung aufzudrängen. Für heuer mache ich mir ehrlich gesagt kaum noch Hoffnung. Mit dem Kieferbruch wird es in der restlichen Saison kaum mehr für Einsätze in Unterzahl reichen. Ein zu großes Risiko für mich, die Mannschaft und den Trainer.

Grundsätzlich bin ich ein sehr risikofreudiger Spieler. Egal, ob am Eis oder beim Kartenspielen mit Teamkollegen. Vorsichtig und konservativ bin ich lediglich, wenn es um die Zukunft meiner Familie geht. Unser Team ist derzeit in der angenehmen Lage, eigentlich wenig Risiko übernehmen zu müssen. Ein 3:1-Vorsprung ist zwar noch kein sicherer Polster, aber auch kein Zwischenstand, der uns zum Hasardieren zwingt. Blind draufloszustürmen, ist ein sicherer Weg, alles zu verspielen. Umso wichtiger ist es, im Team intelligente Spieler zu haben, die genau wissen, wann man wie viel Risiko nehmen kann, darf und muss.

Mehr Risiko im Eishockey bedeutet schlicht, dass bei einem Angriff einer oder gar beide Verteidiger tief ins gegnerische Drittel mitfahren. Dadurch entstehen Überzahlsituationen, die man in Torchancen umzuwandeln versucht. Zumindest sieht es so in der Theorie aus. Umgekehrt kann auch ein Stürmer bei einem Gegenangriff etwas außerhalb des eigenen Drittels warten. Bekommt die eigene Mannschaft den Puck unter Kontrolle, ist man in einer optimalen Situation, um einen schnellen Konter starten zu können und allein auf den gegnerischen Goalie zuzulaufen. Der Nachteil liegt auf der Hand: Der Stürmer geht dem eigenen Team bei der Verteidigung ab, der Gegner hat im Angriffsdrittel Überzahl. Deshalb ist es immer wichtig, das Risiko genau einzuschätzen und vor allem: Man muss sich auf seine Mitspieler blind verlassen können.

Eine ganz besondere Situation ist im Eishockey die Schlussminute. Wenn ein Team mit lediglich einem Tor voran liegt, wird von der im Hintertreffen befindlichen Mannschaft immer der Keeper vom Eis genommen und durch einen sechsten Feldspieler ersetzt. Das gibt es in keiner anderen Sportart. Die Wahrscheinlichkeit, sich dabei einen Gegentreffer einzufangen, ein sogenanntes „empty net“-Tor, ist freilich riesengroß. Dieses Risiko muss man jedoch eingehen. Schließlich ist es egal, ob man jetzt 1:2 oder 1:3 verliert. Der sechste Feldspieler sorgt für ein Powerplay und vor allem dafür, dass im Angriffsdrittel noch mehr „Verkehr“ vor dem Tor herrscht.

Aus Erfahrung wird man klug

22.38: „Hecht gets back in over the San Jose line. Hecht on his backhand! Tried to shovel it in in front. But Nabokov held his post.“

Rick Jeanneret

Ein Energieanfall von Jochen Hecht hätte uns beinahe das vierte Tor beschert. Er hat sich kraftvoll gegen mehrere San-Jose-Spieler durchgesetzt, war dann aber schon etwas zu knapp beim Goalie, um den Puck mit der Backhand noch über dessen Stockhand zu lupfen. Jochen ist neben mir der zweite Spieler in Buffalo mit deutscher Muttersprache. Er hat rund 600 NHL-Spiele in den Beinen und dementsprechend viel Erfahrung. Es ist angenehm, wenn man sich in der Kabine auch dann und wann in seiner Muttersprache unterhalten kann. So bleibt man in Übung. Deutschland und Österreich sind im Eishockey ja nicht gerade vom Erfolg verwöhnt. Im Rahmen der Qualifikation für die Olympischen Spiele in Vancouver haben Jochen und ich das Spiel unserer beiden Heimatländer gegeneinander gemeinsam verfolgt. Und danach lange darüber gesprochen, was beiden Mannschaften für einen Platz an der Sonne fehlt.

Es gibt keinen Spieler, egal in welcher Liga, der zu Beginn seiner Profikarriere nicht den einen oder anderen – mitunter auch spielentscheidenden – Fehler macht. Die allererste und wichtigste Lektion ist, für die Strapazen einer ganzen Saison gerüstet zu sein. Je müder man ist, desto eher neigt man zu Fehlern. Deshalb liegen im Eishockey zwischen einem Wechsel der Linien im Idealfall nur 40 bis 50 Sekunden. Manch einer glaubt ja gar nicht, wie ausgepowert man nach so kurzer Zeit am Eis ist. Es ist ja nicht nur das ständige Eislaufen am letzten Zacken. Dazu kommt das harte körperliche Spiel, die Konzentration auf Präzision und Koordination beim Passen und Schießen. Dieser Kräfteverschleiß ist ein Faktor, den man als junger Spieler gerne einmal außer Acht lässt. Vor allem, wenn man gerade einen Fehler gemacht hat und diesen ausbügeln will. Ich erinnere mich an meine zweite Saison in der NHL. Rein statistisch war das meine bisher beste: 43 Tore, 41 Assists und mit +47 die beste Plus/Minus-Statistik der ganzen Liga. So weit, so gut.

Mir ist vollkommen klar, dass ich in dieser Saison 2006/07 alles andere als fehlerfrei gespielt habe. Im Gegenteil. Oftmals habe ich genau diese Anfängerfehler gemacht. Ist mir auf dem Eis ein Missgeschick unterlaufen, habe ich beim nächsten Wechsel versucht, alles zu zerreißen, auch wenn ich körperlich schon erledigt war. Selbst wenn mir klar gewesen ist, dass ich in einer Situation nur eine minimale Chance gehabt habe, meinen Gegner zu überspielen, habe ich es versucht. In einem von zehn Fällen ist das gut gegangen, in den übrigen neun ist die Post in die andere Richtung abgegangen. Auf Kosten der gesamten Mannschaft.

In diesen Momenten war es unbezahlbar, routinierte Leute wie Teppo Numminen oder Chris Drury im Team zu haben. Diese „alten Hasen" haben mir noch während des Spiels auf der Bank erklärt, was ich beim nächsten Mal besser machen könnte. Sie haben uns Jungen gut zugeredet und uns beruhigt, schließlich sind sie selbst einmal Anfänger gewesen und wissen bestens, wie man sich in solchen Situationen fühlt. Eine Saison dauert länger, als viele junge Spieler glauben. Viele Teams starten gut in die Saison, fallen aber im Dezember und Jänner in ein tiefes Loch und verlieren ein Spiel nach dem anderen.

Zu meiner Anfangszeit in Buffalo waren Mike Grier und Chris Drury als Motivationsfaktor in der Kabine vor dem Spiel und während der Drittelpausen unersetzlich. Die beiden haben weder große Gesten noch dramatische Reden gebraucht, um das Team anzuspornen oder bei einem Rückstand aufzubauen. Oft haben ein Blick oder ein paar leise, aber bestimmt ausgesprochene Worte gereicht, um uns Junge daran zu erinnern, worum es im Spiel in diesem Augenblick geht.

Am Eis waren Grier und Drury sowieso Vorbilder. Aufgeben gibt es nicht. Ein gutes Beispiel war Drurys Tor gegen die Rangers in den Playoffs 2007, als er unser Team Sekunden vor Ende der 60 Minuten noch in die Verlängerung gerettet hat. Mit Mike Grier habe ich oft und lange Gespräche geführt – während des Spiels, aber auch davor und danach. Grier war in Buffalo der Mentor der Jungen.

Mit beiden Spielern stehe ich bis heute in Verbindung, obwohl der eine bei den Rangers und der andere jetzt mit den Sharks gegen uns spielt. Ich würde mir wünschen, dass zumindest einer der beiden noch einmal hierher nach Buffalo zurückkommt.

Zudem stellt jedes Eishockeyspiel auch die Geduld auf eine Probe. Im Gegensatz zu meinen ersten beiden Saisonen werfe ich die Nerven nicht gleich weg, wenn ich nur langsam in ein Spiel finde. Schlimm wird es natürlich, wenn ich vier oder fünf Spiele lang nicht treffe. Als junger Spieler kann man da schon einmal in Panik verfallen und sich fragen, was man denn falsch macht. Dann kommt die Angst dazu, dass dir die Zeit davonläuft. Das Gefühl wird immer stärker, dass man im nächsten Spiel gleich drei oder vier Tore schießen muss. Aber umso mehr man drückt, umso schlechter wird das eigene Spiel. Man steht sich tatsächlich nur selbst im Weg. Rückschläge, Niederlagen, vergebene Chancen – man muss lernen, schnell zu vergessen und konzentriert weiterzuarbeiten. Jeder Mensch macht Fehler. Daraus zu lernen, ist die Kunst.

Eishockey ist so einfach. Der Puck muss ins Tor. Ich weiß, dass ich nicht der Spieler mit dem härtesten Schuss bin. Natürlich würde ich manchmal gerne etwas schärfer schießen, aber das ginge wohl auf Kosten der Genauigkeit, die eher meine Stärke ist. Woran ich auf jeden Fall arbeiten muss, ist meine Backhand. Wenn man mit der „falschen" Seite des Schlägers viel Druck auf die Scheibe bekommt, kann das in manchen Situationen, vor allem in einer 1:1-Situation gegen den Goalie, der entscheidende Vorteil sein. Überhaupt ist es wichtig, dass man verschiedene Optionen und Fertigkeiten zur Verfügung hat, den Tormann zu überwinden. Oft schnappe ich mir nach dem Training noch 40, 50 Scheiben und versuche, sie präzise links oder rechts unter die Latte zu platzieren. Am besten schmecken Treffer aber, wenn man dabei den metallischen Klang von Stange oder Latte hört. Dann weiß man, dass man genauer nicht hätte schießen können.

Ich gehöre zu den Spielertypen, die erst in der letzten Sekunde entscheiden, welcher Move der sein könnte, der am meisten Erfolg verspricht, die Scheibe im Tor unterzubringen. Ich bin jemand, der versucht, den Keeper auszuwarten, ihn zwingen möchte, den ersten Schritt zu machen. Dann ist es leichter, eine Lücke zu finden, und auch psychologisch ist es ein großer Vorteil. Selbstverständlich beschäftige ich mich viel mit den Stärken und Schwächen der verschiedenen Torhüter. Man analysiert sie auf Video und versucht, sich auf diesem Weg weitere Vorteile zu verschaffen. Manche Goalies haben eine extrem gute Koordination in der Fanghand, da wird man sein Glück eher über die Stockhand versuchen. Einige Keeper sind in ihren Bewegungen zur Seite extrem schnell. Da weiß man, dass der Haken perfekt sein muss, um die Scheibe im Netz unterzubringen. Letztlich aber ist jeder Torschuss eine äußerst individuelle Angelegenheit. Eine fixe Idee kann da leicht zum Starrsinn verkommen.

Auch bei meinem erfolgreichen Schlagschuss-Penalty gegen Cristobal Huet und die Montreal Canadiens am 9. Dezember 2006 habe ich mit meiner Entscheidung bis nach der blauen Linie gewartet. Ich habe gesehen, dass Huet mir die „Fanghand“ gibt, und mich daraufhin entschlossen, es mit einem harten Schlagschuss zu probieren, nachdem ich mit dieser Variante auch im Training gegen Ryan Miller erfolgreich gewesen war. Im entscheidenden Moment gegen Huet schoss mir das Lachen von Ryan im Training durch den Kopf, weil er so ganz und gar nicht damit gerechnet hatte, dass ich den Schuss tatsächlich durchziehen würde. Im selben Augenblick war die Überraschung ein nächstes Mal gelungen. Mit dem Unterschied, dass Huet ganz und gar nicht zum Lachen zumute war. Mit versteinerter Miene blickte er auf das Eis, während ich zur Bank fuhr, um mit meinen Kollegen abzuklatschen, froh darüber, dass alles funktioniert hatte.

Heimat, fremde Heimat

28.27: „Ales scooooooooooores! Kotalik with a rocket! 4:1 Buffalo."

Rick Jeanneret

Yes! Ich balle die Faust. Die Torsirene heult und der Lichtkegel, der immer nach einem Treffer unserer Mannschaft den Torschützen einfängt, erleuchtet Aleš Kotalik. Mein bester Freund bei den Sabres und Zimmerkollege bei Auswärtsspielen hat mit einem Hammer von der blauen Linie das 4:1 erzielt. Jochen Hecht, Matt Ellis und Kapitän Craig Rivet, der das Tor mit einem scharfen Pass vorbereitet hat, umarmen ihn, klopfen auf Helm und Schulter und freuen sich, begleitet von den euphorischen „Let's go Buffalo"-Rufen unserer Fans. Nur wenige Sekunden hat es im Powerplay gedauert, bis es uns gelungen ist, die Scheibe im Tor unterzubringen. Knapp die Hälfte des Spiels ist vorbei und wenn wir so weiterspielen, ist uns der Sieg heute nicht mehr zu nehmen. Dass es gerade Aleš ist, der mit seinem Tor der Mannschaft in dieser Phase Rückenwind verleiht, freut mich angesichts unserer Freundschaft besonders. Wie mein Bruder David ist Aleš um fünf Jahre älter als ich. Dieser trickreiche und schnelle Flügelspieler stammt aus Jindřichův Hradec, einer 22.000-Einwohner-Stadt in Südböhmen, Tschechien, nur 15 Kilometer von der österreichischen Grenze entfernt.

Meine Wurzeln finden sich im Nordosten Böhmens, in Hradec Králové, im Deutschen besser bekannt als Königgrätz. 1866 standen sich dort über 400.000 preußische und österreichische Soldaten in einer geschichtsträchtigen Schlacht gegenüber, die für Österreich verloren ging. Auch wenn ich in Österreich geboren bin und mich durch und durch als Österreicher fühle, bin ich dieser Gegend in Tschechien verbunden. Speziell deshalb, weil meine beiden Großmütter nach wie vor in Hradec Králové leben und ich sie erst im vergangenen Sommer wieder besuchen war. Ohne je in Tschechien gelebt zu haben, spüre ich eine Anziehungskraft von Land und Leuten. Eben diese gemeinsamen regionalen Wurzeln sind sicher ein Grund, warum Aleš und ich uns so gut verstehen. Mittlerweile hat er – nach dem Reigen an Glückwünschen durch die Mannschaftskameraden – auf der Bank Platz genommen und sammelt neue Konzentration für seinen nächsten Wechsel. Ich sehe, wie er einige Worte mit Jaroslav Špaček und Andrej Sekera wechselt.

Der tschechische Anteil in meinem Eishockeyblut ist ohne Zweifel hoch. Durch meinen Vater war ich von meinen ersten Schritten am Eis an mit der hohen technischen Schule tschechischer Eishockeytradition konfrontiert. Die Tschechoslowakei war im Jahr 1947 der erste Eishockey-Weltmeister nach dem Zweiten

Die volle Konzentration gilt immer dem Puck.

Weltkrieg. Insgesamt wurde das Land bis zur Eigenständigkeit von Tschechien und der Slowakei im Jahr 1993 sechs Mal Weltmeister und holte nur selten keine WM-Medaille. In meinem Geburtsjahr 1984 errang die tschechoslowakische Auswahl bei den Olympischen Spielen in Sarajevo die Silbermedaille. Damals mit im Team war František Černík, der heutige Vize-Präsident des tschechischen Eishockeyverbandes. Der Name František Černík ist mir erstmals während meiner Jahre in Graz begegnet. „Franta" hatte seine Karriere 1988 in Graz beim ATSE, der damals in der zweiten österreichischen Liga spielte, ausklingen lassen. In nur 30 Spielen erzielte die Nummer 14 für die Grazer 64 Tore und 40 Assists. Vier Jahre zuvor, nach den Olympischen Spielen 1984, war es ihm von der staatlichen Führung im Alter von 31 Jahren erlaubt worden, in die NHL zu den Detroit Red Wings zu wechseln. Nach nur 49 Spielen kehrte er aber wieder zurück und spielte fortan lieber bei seinen Nachbarn in Deutschland und Österreich. Neben Černík ist der Grazer Eishockeygemeinde mit František Tikal ein zweiter Tscheche in guter Erinnerung geblieben. Tikal war bei zwei Weltmeisterschaften in den 60er-Jahren zum weltbesten Verteidiger gewählt worden und zum Ausklang seiner erfolgreichen Karriere noch von 1968 bis 1971 Spielertrainer beim ATSE in Graz.

Es war im Jahr 1997, als ich zum ersten Mal ernsthaft mit dem Gedanken gespielt habe, mein Glück in Amerika zu versuchen. Ich war mit der österreichischen U-14-Auswahl in Quebec beim weltweit größten „Peewee"-Turnier. „Peewee" ist ein englischer Ausdruck für Kinder- und Jugendspieler. In Österreich würde man „Zwergerlturnier" dazu sagen. Ich war vor allem von der Begeisterung der Kanadier für das Eishockey tief beeindruckt. Alles war perfekt organisiert und ich habe mich in diesem Umfeld schon damals als 13-Jähriger besonders wohl gefühlt. Vielleicht abgesehen vom ersten Fernseh-Interview, das ich damals geben musste. Ein Video davon liegt im Haus meiner Eltern in Graz, aber ich will es nicht sehen. Es ist mir ehrlich gesagt peinlich. Gar

Bei einem Nachwuchsturnier in Quebec, Kanada. Damals sogar mit dem Kapitäns-„C“ auf der Brust.

nicht peinlich war meine sportliche Leistung: 21 Tore in 14 Spielen konnten sich durchaus sehen lassen. Die Stimmung rund um das Turnier war unglaublich. Gespielt wurde in der Halle des ehemaligen NHL-Clubs Quebec Nordiques vor ausverkauftem Haus.

Im Jahr darauf war ich mit der österreichischen Jugendauswahl wieder zu Gast in Kanada. Ich war in einer tollen Form und konnte am Eis das eine oder andere Mal glänzen. Mein Spiel hat auf einige Scouts offenbar Eindruck gemacht und ich habe die ersten Angebote erhalten, nach Amerika zu kommen. Von diesem Zeitpunkt an hat mich dieser Gedanke gefesselt und ich habe zu meinem Vater gesagt: „Papa, ich möchte das probieren. Ich will nach Kanada gehen.“

Meine Eltern haben keine Sekunde versucht, mir diesen Wunsch auszureden – im Gegenteil. Wie immer in meinem Leben, haben sie mich tatkräftig unterstützt und wir haben gemeinsam begonnen, eine Schule und einen Verein zu suchen. Die Wahl ist schließlich auf Lacombe in der Provinz Alberta gefallen. Lacombe liegt genau in der Mitte zwischen Calgary und Edmonton und allein von dieser geografischen Perspektive aus betrachtet war ich begeistert. Die Edmonton Oilers haben in ihrer Vereinsgeschichte fünf Mal den Stanley Cup gewonnen, die Calgary Flames ein Mal. In diesem Erfolgs-Sandwich sollte für mich das Abenteuer Nordamerika beginnen.

Im Sommer 1998 also war klar, wohin die Reise gehen würde. In den letzten schulfreien Wochen daheim in Graz verbrachte ich noch mehr Zeit als sonst mit meinen Freunden. Ich wusste, dass ich sie möglicherweise ein ganzes Jahr lang nicht mehr sehen würde. Zwar war ich voller Neugier und Vorfreude auf das, was mich jenseits des Atlantiks erwarten würde, in meine Gefühlswelt jedoch mischte sich auch ein Hauch von Wehmut. Vor allem, wenn ich nach einem sonnigen Ferientag am Abend vor dem Einschlafen meinen Gedanken freien Lauf ließ. Natürlich hat sich da auch der eine oder andere Zweifel bemerkbar gemacht, ob ich das ganz allein schaffen kann. Und noch heute habe ich die beruhigenden Worte meines Vaters im Ohr: „Was soll schon passieren? Wenn es nicht passt, kommst du wieder nach Hause."

Ende August ging es endlich los. Ich kann mich noch erinnern, dass schon in der Früh die Sonne schien und alles darauf hinwies, dass es ein perfekter Tag werden würde. Meine Eltern brachten mich mit dem Auto zum Flughafen, wo ich die Maschine nach Frankfurt besteigen würde. Von dort sollte es über London nach Calgary gehen. Der Abschied nach dem Einchecken war härter, als ich mir zuvor vorgestellt hatte. Meine Mutter versuchte, tapfer zu sein und nicht loszuheulen. Auch mir verschlug es ein wenig die Sprache. Ich hatte einen Klumpen im Hals und brachte kaum ein Wort heraus. Der Gedanke an meine Eishockey-Zukunft in Kanada und das große Abenteuer, völlig allein von Österreich nach Nordamerika zu reisen, machten es mir allerdings etwas leichter.

Durch das Fenster der Maschine versuchte ich noch einen Blick auf meine Eltern zu erhaschen, die sich auf die Aussichtsterrasse des Flughafens in Graz begeben hatten. Es war nicht einfach, sie unter den vielen Menschen, die ebenfalls auf Abflug oder Landung von Angehörigen oder Freunden warteten, auszumachen. Als es mir gelang, rollte die Maschine bereits Richtung Startbahn. Das Gefühl im Magen war flau und meine Eltern verschwanden durch den Schwenk des Flugzeuges aus meinem Blickfeld. Der Pilot legte den Schubhebel um und das Heulen der Turbinen und die Kraft der Beschleunigung wirkten beruhigend auf mich. Durch die Fenster der gegenüberliegenden Seite wollte ich noch einmal nach meinen Eltern blicken. Vergebens, denn in diesem Augenblick hob die Maschine ab. Mich überkam eine Mischung aus Leichtigkeit und Neugier. Als einzige Ablenkung hatte ich nur meinen Gameboy, damals mein größter Besitz, mit.

Mein zweiter Zwischenstopp war in London und dort war meine Reise vorerst auch schon wieder zu Ende. Eigentlich hätte ich in Heathrow meinen Anschlussflug nach Calgary nehmen sollen, aber der Flug war überbucht. Hinzu kam, dass ich das erste Mal auf dem riesigen Londoner Flughafen war. Als 14-Jähriger war das eine noch größere Herausforderung. Als ich es endlich zu meinem Terminal geschafft hatte, traf es mich wie ein Keulenschlag: „Es tut uns leid, wir können dich nicht mitnehmen, der Flieger ist überbucht." Im ersten Moment brach für mich eine Welt zusammen. Ich rief sofort meine Eltern an: „Wahnsinn, die nehmen mich nicht mit!" Wie immer, konnten mich meine Eltern beruhigen. Nach einigen Diskussionen mit dem Bodenpersonal wurde ich für den nächsten Flieger nach Calgary eingebucht und mit sechs Stunden Verspätung hob ich endlich Richtung Kanada ab.

Während des rund zehnstündigen Fluges nach Amerika hatte ich genug Zeit, mir über meine Zukunft Gedanken zu machen. Mittlerweile amüsierte mich, dass ich noch keine Ahnung hatte, wo ich wohnen würde. Es war nur klar, auf welche Schule ich gehen würde.

Wie vereinbart, holte mich ein tschechischer Freund meines Vaters, der schon jahrelang in Kanada lebte, vom Flughafen ab und quartierte mich vorübergehend in seinem Haus ein. Das Direktorium der Schule half mir, eine Gastfamilie zu finden und schon eine Woche nach meiner Ankunft in Kanada konnte ich bei Familie Douglass einziehen. Ich hatte riesengroßes Glück, denn ich kam zu einer tollen Gastfamilie mit Tochter und Sohn. Tyler war genauso alt wie ich und auf der Junior High School besuchten wir dieselbe Klasse. Seine Freunde wurden schnell auch meine Freunde. Sie akzeptierten mich auf Anhieb und so war in den ersten Wochen und Monaten nach meiner Ankunft in Kanada alles viel einfacher. Vor allem hinsichtlich der Sprache. Denn von September bis Weihnachten 1998 war es richtig hart für mich. Schon in der Sporthauptschule Bruckner in Graz hatte ich im Unterrichtsfach Englisch einige Probleme, in Nordamerika verstand ich zunächst gar nichts. Das war ein Schock, weil ich von Kindesbeinen an eigentlich sehr gerne rede. In den ersten vier Wochen wagte ich es kaum, den Mund aufzumachen. Erst mit der Zeit verschwand die Scheu, ein paar Sätze zu sagen. Vieles war grammatikalisch falsch, doch meine Gastfamilie und Freunde verloren nie die Geduld, mich auf den richtigen sprachlichen Weg zu bringen.

Wie im Eishockey hatte ich nie ein Problem damit, auf meine Fehler hingewiesen zu werden. Es war mir wichtig, dass man mir meine sprachlichen Mängel sofort aufgezeigt hat, damit ich den Satz beim nächsten Mal richtig sagen konnte. Ich habe gelernt, Kritik nicht persönlich zu nehmen und meine Gastfamilie in Lacombe hat durch diesen vertrauens- und liebevollen Umgang mit mir großen Anteil daran. Bis heute sind meine Eltern und ich der Familie Douglass freundschaftlich verbunden und haben regelmäßig Kontakt. Auch die Lehrer sind in diesen Monaten bis Weihnachten sehr verständnisvoll mit mir umgegangen und waren überaus hilfsbereit. Sie haben mir immer Zusatzaufgaben gegeben und manchmal ein Auge zugedrückt, weil sie gewusst haben, dass es wegen der sprachlichen Hürden schwer für mich ist. Ab dem Jahr 1999 habe ich dann eigentlich alles verstanden und auch nie Probleme gehabt, in die nächste Klasse aufzusteigen. Das englische Talent in mir hatte scheinbar nur darauf gewartet, geweckt zu werden.

Sportlich hat es weniger lange gedauert, um mich einzufinden. Im Rahmen sogenannter Try-Outs habe ich bei verschiedenen U-16-Teams vorgespielt. Schon wenige Tage später hat mein Gastvater einen Anruf des U-18-Trainers der Lacombe Wolves bekommen. Auch dort hatte ich das Try-Out geschafft. So habe ich in meinem ersten Jahr in Kanada vorwiegend gegen Leute gespielt, die vier Jahre älter waren als ich. Im Jahr darauf bin ich zum ersten Mal in Rochester bei den Rochester Junior Americans gelandet. Mein Agent Steve Bartlett hat dort alle Leute gekannt und mir das Try-Out verschafft, das ich auch gemeistert habe. Das Team wurde für die North American Hockey League ganz neu aufgebaut, aber die Verantwortlichen taten sich schwer, mich als Europäer in einer Schule unterzubringen. So habe ich sechs Wochen nur Eishockey gespielt, aber kein Visum bekommen. Zu diesem Zeitpunkt hat meine Mutter resolut reagiert und gesagt, dass es so, ohne Schule, nicht weitergeht.

Am Rande der Verzweiflung bin ich im Oktober 1999 wieder nach Hause nach Graz geflogen. Inzwischen hat Steve Bartlett versucht, das Problem mit dem Visum in den Griff zu bekommen. Steve kannte auch einige Leute bei Sioux Falls Stampede, einem Club in der USHL. Schließlich bin ich im Zuge eines Tauschgeschäfts von Rochester nach Sioux Falls gewechselt und in die O´Gorman High School gekommen. Zwei Tage später hatte ich ein neues Visum und trat frohen Mutes den Rückflug in die USA an. Drei Jahre, bis zum Abschluss der High School, bin ich in Sioux Falls geblieben und habe dort eine fantastische Zeit erlebt.

Auch wenn ich mich seit elf Jahren in den USA wohl fühle, hier wohne, lebe und arbeite, wird meine unmittelbare Heimat immer Österreich, Zell am See, speziell aber Graz bleiben. In

Graz leben meine Eltern, im Sommer bin ich jedes Jahr für einige Wochen drüben.

Dann genieße ich die Zeit mit Ashley, Blake, meinen Eltern und Freunden. Wir spielen im Garten Tischtennis, gehen schwimmen oder fahren zwischendurch die Großmütter in Tschechien besuchen. Das Gemisch an Sprachen ist in diesen Wochen besonders intensiv. Mit meinen Eltern rede ich halb deutsch, halb tschechisch, je nachdem, in welcher Sprache mir das Wort zuerst einfällt. Lieber aber deutsch. Ashley widersetzt sich dem Deutsch-Unterricht meiner Eltern erfolgreich und bleibt bei Englisch. Blake versteht zwar Deutsch, antwortet dann doch lieber auf Englisch.

Zusätzlich zu meiner österreichischen möchte ich in den nächsten Jahren auch die US-amerikanische Staatsbürgerschaft

Kein Sommer ohne Eishockey. In diesem Fall 2008 bei einem Spaßturnier in Graz gegen Peter Znenahlik (l.).

annehmen. Momentan bemühe ich mich um die Greencard. Diese unbeschränkte Aufenthalts- und Arbeitsbewilligung ermöglicht nach fünf Jahren die US-Bürgerschaft. Da hilft mir auch nicht, dass ich eine Amerikanerin geheiratet habe. Das Gesetz, wonach auch der Ehepartner ein Anrecht auf die Staatsbürgerschaft hat, wurde abgeschafft, nachdem zu viele mittels Scheinehe diese Regelung als Schlupfloch benutzt haben, um an eine US-Staatsbürgerschaft heranzukommen.

Irgendwann ganz nach Österreich zurückzukehren, kann ich mir zum jetzigen Zeitpunkt nicht vorstellen. Solange ich mithalten kann, will ich in der NHL spielen. Das können gut und gerne noch zehn Jahre, vielleicht sogar mehr sein. Und meinen Kindern möchte ich nicht unbedingt zumuten, umzusiedeln und sich auf eine komplett neue und andere Mentalität einstellen zu müssen. Wir werden sehen, was die Zukunft bringen wird. Wirklich wissen, wohin die Reise geht, kann man im Eishockey ohnehin nicht. Nach meiner aktiven Zeit werde ich jedenfalls wieder einmal einen Winter in Österreich verbringen, um Schifahren zu gehen. Ich bin seit meinem 13. Lebensjahr nicht mehr auf Schiern gestanden und der österreichische Nationalsport fehlt mir am meisten. Gerade weil ich während der zehn Jahre in Zell am See mit meinen Eltern oft auf der Piste war und riesigen Spaß an dieser Sportart hatte. Ich bin eben gern draußen an der frischen Luft, genieße die Natur.

Im alpinen Schirennsport sind die österreichischen Athleten das Maß aller Dinge. In keiner anderen Sportart konnte Österreich über so viele Jahre hinweg eine weltweite Vormachtstellung behaupten. Da sieht es in der Eishockey-Nationalmannschaft freilich anders aus. Auch heuer werden wir bei der Weltmeisterschaft in der Schweiz wohl oder übel gegen den Abstieg spielen.

Ich spiele gerne für Österreich und ich werde unserer Nationalmannschaft, wann immer es geht, helfen und dabei sein. Meine erste Weltmeisterschaft, die ich für Österreich gespielt habe, war für mich eine Art Wegweiser. Zum Auftakt der A-WM

Gegen Lettland bestritt ich bei der A-WM 2003 in Prag eines meiner ersten Pflichtspiele im Nationalteam.

2004 in Tschechien haben wir am 24. April gegen Frankreich mit 6:0 gewonnen. Es war der höchste WM-Sieg der Nationalmannschaft seit 1994. Mir sind in dieser Partie gleich vier Assists gelungen.

Nur einen Tag später sind wir haarscharf an der Sensation vorbeigeschlittert. Nach zwei Spieldritteln waren wir gegen Kanada 2:0 in Führung gelegen, ich hatte den zweiten Treffer beigesteuert. Erst drei Minuten vor Schluss mussten wir den Ausgleich hinnehmen. Immerhin war es das erste Unentschieden gegen die Kanadier bei Olympia oder einer Weltmeisterschaft. Am Ende schafften wir den Einzug ins Viertelfinale zwar nicht, aber nach den guten Spielen in der Vorrunde war die Stimmung gegenüber der Mannschaft sehr positiv, ebenso wie meine persönliche Bilanz: Immerhin waren mir bei meiner ersten Weltmeisterschaft zwei Tore und fünf Assists geglückt. Trotzdem bleibt ein schaler

Nachgeschmack. Wir hatten ein tolles Team und hätten mehr erreichen können, ja sogar müssen.

Wir haben auch heute 20 gute Spieler in Österreich. Das Problem aus meiner Sicht ist, dass in den letzten fünf, sechs Jahren nicht immer die Besten gespielt haben. Sei es, weil sie selbst für das Team abgesagt haben oder gar nicht einberufen worden sind. Ich würde gerne einen österreichischen Teamtrainer sehen, der vor einem WM-Turnier 40, 50 Spieler einlädt und dann die besten 25 zur Weltmeisterschaft mitnimmt, unabhängig von Alter und Name. Soweit ich es beobachten kann, ist es beim österreichischen Team bisher leider anders gelaufen. Aber das Problem mit den „Besten" und den „Richtigen" hat ja zuletzt auch das österreichische Fußball-Nationalteam bei der EURO 2008 hautnah miterleben müssen.

Innerhalb der Nationalmannschaft bin ich mir meiner Vorbildwirkung absolut bewusst und versuche, sie positiv einzusetzen. Gerne sage ich meine Meinung, wenn ich danach gefragt werde. Ich bin aber auch in diesem Fall keiner, der anderen seine Sicht der Dinge aufs Auge drücken muss. Wichtig ist, dass alle Spieler bereit sind, bei einem WM-Turnier für einen Zeitraum von zwei Wochen alles für ihr Land zu geben. Auch sind wir Spieler gut beraten, jene Rolle, die der Coach jedem Einzelnen von uns zugedacht hat, bestmöglich zu erfüllen. In unserem Nationalteam jedoch haben manche ein Problem mit ihrer Rolle, weil es vielleicht nicht jene ist, die sie in ihrem Club spielen. In solchen Fällen ist es meiner Ansicht nach besser, seinem Ärger nicht gleich freien Lauf zu lassen und mit der eigenen Frustration andere anzustecken, sondern die positiven Seiten einer Aufgabe zu sehen. Nur so kann man in einer Mannschaftssportart wie Eishockey auch erfolgreich sein. Auf dem Eis hat das Ego Pause.

Wie in jeder anderen Sportart auch, wird im Eishockey die Basis für den Erfolg eines Landes in der Kinder- und Jugendarbeit gelegt. Ich habe das Gefühl, dass auf die professionelle Betreuung von Kindern und Jugendlichen im österreichischen Eishockey zu wenig Wert gelegt wird. In Tschechien beispielsweise ist der Zugang ein anderer. Der Nachwuchs wird von Anfang an von früheren Starspielern betreut, vor allem ist die Zeit im Alter zwischen acht und zwölf Jahren entscheidend und prägend. Wenn talentierte Jugendliche erst mit 16 Jahren gute Trainer bekommen, ist es in vielen Fällen schon zu spät. Wertvolle Entwicklungsschritte werden in den Jahren zuvor versäumt, weil die Trainer weder das nötige Fachwissen noch die Erfahrung oder das ebenso wichtige menschliche Fingerspitzengefühl für die Heranwachsenden mitbringen.

Mir persönlich ist es ein Anliegen, dass auch andere junge Spieler aus Österreich die Chance bekommen, in der NHL Fuß zu fassen. Das Talent bringen viele sicher mit. Man muss nur früh genug die Weichen stellen und umsichtig einen Ausbildungsweg einschlagen, der die Qualitäten von jungen Spielern systematisch fördert und gleichzeitig das gemeinschaftliche Bewusstsein und den Charakter der Jugendlichen fordert und bildet. Dann bin ich mir sicher, dass weitere und mehr Österreicher die Chance bekommen werden, um Ruhm und Anerkennung in der stärksten Eishockeyliga der Welt zu eifern.

Momentum

29.39: „Chipped out in front – they score! Marleau was camped in front of the net, he deflects it in and it's only a two goal lead for Buffalo now.“

Rick Jeanneret

Nur noch 4:2. Dieser Dämpfer kommt in einem ungünstigen Augenblick. Alle in der Halle spüren das. Die Hälfte des Matches liegt noch vor uns und jeder weiß, dass in diesem Spiel nichts entschieden ist. Erste Ermüdungserscheinungen reduzieren das Konzentrationsvermögen und flatternde Nerven verwandeln den sicher scheinenden Sieg schneller als du denken kannst in eine schmerzliche Niederlage. Es gibt keine Sportart, in der ein Match so schnell kippen kann wie im Eishockey. Die Amerikaner nennen das gerne „Momentum“.

Für mich persönlich ist es schlicht und ergreifend Selbstvertrauen und Instinkt. Wenn jeder Spieler deines Teams zur selben Zeit das nötige Selbstvertrauen hat, um den richtigen Spielzug zu machen, kann man eine Partie drehen. Es gibt verschiedene Situationen in einem Spiel, die dir von einer Sekunde auf die andere wieder Oberwasser bescheren. Das kann ein Tor im richtigen Moment sein oder auch ein provozierter Kampf. So etwas reißt die Fans von ihren Sitzen, erhöht den Lärmpegel und lässt dich kurz wieder durchatmen.

Ich glaube aber nicht, dass es einen Sportler gibt, der in seinem Kopf bloß einen Schalter umlegt und von einem Moment auf den anderen wie ausgewechselt spielt. Entscheidend sind der Glaube an dich selbst, die Harmonie im Team und der Rückhalt der Fans.

Ein Beispiel: Im Frühjahr 2007 hatten wir ein Spiel gegen unseren Lokalrivalen, die Toronto Maple Leafs. Nach 45 Minuten lagen wir vor eigenem Publikum 1:4 zurück. Nichts wollte funktionieren, es war wie verhext. Ich denke, innerlich hatten viele von uns zu diesem Zeitpunkt die Partie bereits verloren geglaubt. Dann bekam ich den Puck und zog von knapp innerhalb der blauen Linie einfach ab. Wahrscheinlich hatte nicht einmal der Toronto-Goalie damit gerechnet, aber die Scheibe knallte von der Innenstange ins Tor – nur mehr 2:4. So richtig freuen konnte ich mich nicht, aber es keimte Hoffnung. Bei den Spielern, bei den Fans. Zugegeben: Einen Drei-Tore-Rückstand im Schlussdrittel aufzuholen, wenn die Beine immer schwerer werden, die Luft immer dünner und die Frustration mit jeder Minute größer wird, ist selbst im Eishockey eine nahezu unlösbare Aufgabe.

Angestachelt vom ausgelösten Lärmpegel, präsentierte sich das Team plötzlich wie verwandelt. Die Fans standen auf ihren Plätzen, jubelten, johlten, es war richtige Ländermatch-Stimmung. Der Glaube an den Sieg kehrte zurück. Fünf Minuten später der nächste Schritt zur Wiederauferstehung: Danny Brière stochert den Puck irgendwie zum 3:4 ins Tor. Ab da merkte man, dass den Leafs „der Reis geht", wie es in Österreich heißt. Sechs Minuten vor Schluss versetzt ein Doppelschlag von uns innerhalb weniger Sekunden den Leafs den Todesstoß: Zuerst macht Jason Pominville das 4:4, kurz darauf ein wunderbarer Moment: Ich bekomme den Puck und ziehe am linken Flügel in die Angriffszone. Aus vollem Lauf ramme ich meine Kufen für eine Vollbremsung ins Eis, nehme mit diesem abrupten Manöver das Tempo aus dem Spiel. Die Verteidiger sind noch in der Rückwärtsbewegung und ich kann seelenruhig einen scharfen Pass auf den vorm Toronto-Tor wartenden Drew Stafford spielen. Drew musste nur noch den Schläger hinhalten. Die Stimmung kochte über, Gänsehaut pur. Selbst der Torrichter war aus dem Häuschen und hielt den Knopf sekundenlang gedrückt. Gemeinsam mit der Torsirene vibrierte die ganze HSBC Arena.

Toronto nahm zum Schluss noch den Goalie vom Eis – ohne Erfolg. Sekunden vor Spielende machte unser Schlussmann, Ryan Miller, noch eine unglaubliche Parade – da hatten die Leafs-Spieler schon ihre Hände zum Torjubel in die Höhe gestreckt, aber nichts da. Dann war das Spiel aus, wir stürmten auf Ryan zu, lagen uns gegenseitig in den Armen. Das war Emotion pur. Ausgerechnet gegen die Maple Leafs hatte das Momentum seine magische Wirkung entfaltet. So konnten wir unser Publikum verzaubern und den Fans einen verloren geglaubten Sieg schenken.

Comeback Kid

32.39: „Sharks bringing it back over the line. Pavelski drags it free, took the shot, but Miller kicked it away and it goes out of play!"

Rick Jeanneret

Der zweite Gegentreffer steckt uns ordentlich in den Gliedern, die Sharks haben jetzt eindeutig Oberwasser. Irgendwie liegt der Anschlusstreffer in der Luft. Schon eigenartig, als Zuschauer bekommt man ein Spiel ganz anders mit. Ich wäre weit weniger nervös, wenn ich selbst unten am Eis stehen könnte. Ich kenne dieses „Fan-Gefühl" ja sonst nur von anderen Sportarten. Mit den Minnesota Twins, meinem Lieblings-Team im Baseball, zittere ich auch so mit wie jetzt mit meinem Team. Da ist die Situation ganz ähnlich: Man sitzt im Stadion oder vorm Fernseher, drückt Daumen, kann aber nicht aktiv ins Spielgeschehen eingreifen.

Wenn man selbst ins Spiel involviert ist, sieht das alles ganz anders aus. Wir haben gar keine Zeit, nervös zu werden. Sicher, man ärgert sich oft über einen Anschlusstreffer oder grundsätzlich jedes Gegentor. Man arbeitet hart, um einen Vorsprung herauszuschießen, und dann reichen eine oder zwei Unaufmerksamkeiten, und schon ist das Spiel wieder völlig offen. Mit den Jahren lernt man, mit solchen Rückschlägen umzugehen.

In diesen heiklen Phasen ist auch der Coach gefordert, die nötige Ordnung ins Spiel zu bringen. Entweder werden die Linien umgestellt oder der Trainer nimmt ein Time-Out. In den Pausen ist freilich immer mehr Zeit, um Änderungen vorzunehmen. Wie zufrieden der Trainer mit unserem Spiel ist, merkt man daran, wie schnell er in einer Drittelpause zu uns in die Kabine kommt. Wenn alles passt, sitzt er fast die ganze Pause eine Tür weiter in seinem Büro und sieht sich einige Spielzüge nochmals auf Video an. Erst kurz vor Wiederbeginn kommt der Coach zu uns und gibt noch ein paar Tipps. Läuft etwas falsch, geht er nicht in sein Büro und wir erhalten neue Anweisungen. Wenn wir ein richtig schlechtes Drittel abgeliefert haben, kann es auch passieren, dass er fünf Minuten lang herumbrüllt. Aber das gehört zum Job dazu und manchmal müssen wir Spieler einfach aufgeweckt werden.

Wir reden ohnehin selbst am meisten untereinander. Sowohl während des Spiels auf der Bank als auch in den Drittelpausen. Den meisten Kontakt hat man zu seinen Linienkollegen, schließlich sitzt man immer neben oder zwischen ihnen auf der Spielerbank. Da wird dann über den letzten Wechsel geredet, werden Fehler knallhart angesprochen. Das ist eine der schönen Sachen am Eishockey: Man bekommt recht schnell die Möglichkeit, Fehler wieder auszubügeln.

Natürlich wird die allgemeine Taktik vom Trainer vorgegeben, innerhalb des Systems müssen wir Spieler improvisieren. Danach richten sich auch die Gespräche unter uns Spielern. Da wird darüber geredet, wie man sich beim nächsten Wechsel besser freiläuft, wie man sich auf einen besonders hartnäckigen Gegenspieler besser einstellen kann.

Besondere Bedeutung kommt dem Trainer während der unweigerlich jede Saison wieder auftretenden Durststrecken zu. Er kann dich aufbauen, oder er kann dich zerstören. Auch wenn manchmal ein gegenteiliger Eindruck entstehen mag, wir haben mit Lindy Ruff in dieser Hinsicht den perfekten Coach. Wenn's einmal nicht so läuft, gibt er den Spielern trotzdem ihre Chancen, auch im Überzahlspiel, wo man sich am ehesten den Frust von der Seele schießen kann. Probleme bekommt man mit ihm erst, wenn er meint, dass man nicht mehr sein Letztes gibt oder immer mehr auf eigene Faust versucht. Man kann sagen, was man will, aber das Vertrauen des Trainers ist einer der wichtigsten Bestandteile des Spiels. Wenn er dir vertraut, dich aufbaut, geht alles viel einfacher von der Hand.

Während eines Spiels ist freilich kaum Zeit, einem Spieler gut zuzureden. So ein Spiel ist ja auch kein Kindergeburtstag. Da geht es hart zur Sache – am Eis und hinter der Bank. Ich kann Verständnis dafür aufbringen, wenn manchmal herumgebrüllt wird. Wie heißt es so schön? Es ist ja nicht persönlich gemeint und das stimmt tatsächlich so. Selbstverständlich sieht es im Fernsehen brutal aus, wenn der Coach hinter dir steht und sich die Seele aus dem Leib schreit. Es ist doppelt unangenehm, wenn man selbst der Meinung ist, nichts falsch gemacht zu haben. Freilich würde man sich dann manchmal gerne umdrehen und etwas sagen. Nur bringt es nichts.

Ein striktes Redeverbot herrscht in unserem Team gegenüber den Referees. Es gibt jedoch auch ganz andere Mannschaften, wo die Spieler ständig mit dem Schiedsrichter diskutieren. Aber das bringt nichts, außer die Schiedsrichter gegen dich auf. Wir waren früher selbst so, haben aber daraus gelernt und uns das abgewöhnt. Diskussionen mit dem Schiedsrichter überlassen wir lieber Trainer und Kapitän, die dafür zuständig und dazu berechtigt sind.

Sich über Fehlentscheidungen aufzuregen, kostet nur Kraft. Und deshalb, weil Spieler protestieren, wird keine Entscheidung rückgängig gemacht. Ich bin außerdem ein Spieler, der bei fast jedem Spielstand noch an den Erfolg glaubt. Selbst wenn nur mehr 30 Sekunden zu spielen sind, ist immer noch genug Zeit, ein Tor zu erzielen. Ich denke, der Spruch, dass ein Spiel erst vorbei ist, wenn die Schlusssirene ertönt, trifft aufs Eishockey im Besonderen zu. Und ich glaube, dass positives Denken zweifellos eine der Begleiterscheinungen von wachsender Erfahrung ist. Wir haben während meiner Zeit bei den Sabres so viele Spiele noch gedreht, dass mir ein Rückstand keine großen Sorgen macht. Ganz im Gegenteil. Was gibt es Besseres, als ein verloren geglaubtes Spiel noch zu drehen?

Manchmal erschrecke ich selbst, wenn ich bei einer Videoanalyse mein vor Ärger verzerrtes Gesicht sehe. Nur weil ich mich ärgere, heißt das aber nicht, dass ich mich von einem Rückschlag auch zurückwerfen lasse. Mein Ehrgeiz treibt mich weiter an. Ich ärgere mich ja außerdem nur über mich selbst, wenn ich eine große Chance vergebe. Das Äußere hat aber mit meinem Inneren wenig zu tun. Wie gesagt, ich versuche, immer positiv zu denken. Und irgendwie muss ja auch etwas dran sein, denn seit meiner High-School-Zeit bin ich als „Game Breaker" bekannt. Also als ein Spieler, der bei einem Match mit seinen Toren die entscheidende Wende herbeiführen kann. In die NHL ist mir dieser Ruf schon vor meinem allerersten Spiel vorausgeeilt. Dieser Erwartungshaltung konnte ich allerdings nicht sofort gerecht werden. Als junger Spieler habe ich, wie alle anderen auch, Lehrgeld bezahlt. Mittlerweile kann ich diese gewohnte Rolle meiner Jugend wieder besser erfüllen.

Besonders gerne erinnere ich mich in diesem Zusammenhang an ein Spiel gegen Tampa Bay Lightning Ende Februar 2008. Wir waren mitten im Kampf um die Playoffs und durften uns keinen Ausrutscher erlauben. Allerdings hatten wir vor dem Spiel gegen Tampa zwei Niederlagen einstecken müssen. Gegen die Rangers und Penguins waren wir ziemlich chancenlos gewesen. Normalerweise bin ich ja kein Spieler, der große Töne spuckt, aber nachdem die Stimmung am Tiefpunkt war und ich Mitspieler und Fans aufbauen wollte, sagte ich vor dem Spiel zu den „Buffalo News", dass wir die Playoffs garantiert schaffen würden. Jetzt musste ich den Worten selbstverständlich auch Taten folgen lassen. Gegen Tampa lief zunächst aber wieder alles schief. 2 Minuten und 30 Sekunden vor Spielende lagen wir 1:3 zurück. Wir hatten zwar genug Chancen, aber Tampa-Goalie Johan Holmquist war eine unüberwindbare Hürde.

Wir mussten alles riskieren, stürmten mit fünf Spielern. Eine Niederlage hätte uns wohl endgültig aus dem Playoff-Rennen geworfen. Das wollte ich nicht wahrhaben. Vor allem nicht, weil ich kurz zuvor in aller Öffentlichkeit den Mund so voll genommen hatte. Am Ende wurden wir für unsere positive Einstellung und unsere Niemals-aufgeben-Mentalität belohnt. Lydman zog von der blauen Linie ab, ich fälschte den Puck unhaltbar für Holmquist zum Anschlusstreffer ab. Nur Sekunden später erfolgte mein zweiter Treffer: Connolly brach am linken Flügel durch, passte quer übers Eis und ich musste an der rechten Stange nur mehr den Schläger hinhalten – Ausgleich!

Viele Fans hatten zu diesem Zeitpunkt nicht mehr an unser Comeback geglaubt und die Halle bereits verlassen. Jetzt strömten sie zurück in die Arena. Und am Ende wurden auch sie für ihr Vertrauen belohnt. In der Verlängerung bekamen wir ein Powerplay und nützten dieses eiskalt aus. Diesmal war ich neben der linken Stange geparkt und es war Derek Roy, der mir den Puck vom rechten Flügel perfekt servierte. Sieg! Noch dazu mit einem Hattrick von mir. Wie in den USA üblich, warfen die Leute daraufhin ihre Kappen aufs Eis. Positives Denken und eine Niemals-aufgeben-Mentalität hatten sich gelohnt!

Für mich persönlich war es eine besondere Genugtuung, nicht nur wegen meines ungewöhnlich vollmundigen Interviews vor dem Spiel. Die erste Saisonhälfte war alles andere als gut für mich verlaufen. In den ersten 50 Spielen hatte ich nur 13 Tore geschossen, viel zu wenig für meinen im Sommer unterschriebenen Mega-Vertrag und die berechtigten Erwartungen der Fans und des Vereins. Der Hattrick gegen Tampa bedeutete hingegen meine Treffer zehn, elf und zwölf innerhalb der letzten elf Spiele. Auch da zeigte sich, dass man niemals aufgeben darf, egal, wie viele Rückschläge man zu verkraften hat. Irgendwann dreht sich das Schicksal wieder und alles geht scheinbar wie von selbst.

Wenn es um ein Comeback geht, kann keiner in unserem Team mit mehr Erfahrung darüber sprechen als Tim Connolly. Tim hat sich im Laufe seiner Karriere immer wieder nach schweren verletzungsbedingten Rückschlägen zurückgekämpft. Schlimm für ihn war, dass er wegen einer schweren Gehirnerschütterung, die er in einem Vorbereitungsspiel gegen die Chicago Blackhawks erlitten hatte, in der Spielzeit 2003/04 bei keinem einzigen Spiel mitmachen konnte. Ich war damals noch nicht dabei, spielte noch am College, aber nach allem, was er mir erzählt hat, kann ich gut mit Timmy mitfühlen. Während der darauf folgenden Lockout-Saison spielte Tim einige Spiele in der Schweizer Nationalliga. 2005/06 schließlich sollte seine bisher beste Saison werden. In nur 63 Spielen kam der Center auf 55 Punkte. In den Playoffs war dieser glänzende Techniker, Torschütze und Passgeber bis zu einer weiteren Gehirnerschütterung, die er sich in unserem zweiten Semifinal-Spiel der Eastern Conference gegen die Ottawa Senators zugezogen hatte, die Punktemaschine unserer Offensive. In nur acht Spielen hatte Tim sechs Tore vorbereitet und fünf selbst erzielt. In der Saison 2006/07 konnte Tim wieder nur bei zwei Spielen aufs Eis. Mehr ließ seine Verletzung nicht zu. Auch die laufende Spielzeit ist für Tim eine Achterbahnfahrt. Die ersten zehn Spiele hat er wegen zweier angeknackster Wirbel versäumt. Nach fünf Spielen mit sechs Punkten hat ihn eine gebrochene Rippe erneut außer Gefecht gesetzt. Seit vier Wochen ist er nun wieder dabei und ich glaube, dass er in dieser Saison noch viele Punkte machen wird, wenn er von neuerlichen Rückschlägen verschont bleibt.

Mein Kieferbruch ist nicht die erste Verletzung meiner Karriere. Mit zwölf habe ich mir im Sommer beim Rollerhockey Elle und Speiche gebrochen. In einer fünfstündigen Operation sind zwei Platten in den Knochen hineingeschraubt worden und ich habe nur den Tag herbeigesehnt, an dem ich wieder Hockey spielen kann. Mit sechzehn habe ich mir in Sioux Falls das linke Schlüsselbein gebrochen. Einen Monat lang habe ich verletzungsbedingt pausiert. Bei meinem Comeback Ende Jänner 2000 habe ich sofort wieder getroffen, aber ich war zu ungeduldig. Bei meinem letzten Wechsel habe ich einen leichten Check abbekommen und sofort war das Schlüsselbein wieder angebrochen. Da habe ich mich entschlossen, heim nach Graz zu fliegen und die Schulter operieren zu lassen. Mit einer Platte haben die Ärzte das

Schlüsselbein fixiert und verstärkt. Nach einer Woche unfreiwilligen Heimaturlaubs bin ich nach Amerika zurückgekehrt. Diese Platte, befestigt mit sechs Schrauben, ist auch heute noch in meiner Schulter und am liebsten würde ich mir auch in die rechte Schulter eine einbauen lassen. Seitdem ich die Platte links drinnen habe, kann dort eigentlich nichts mehr passieren. Sehr praktisch – gerade für einen Eishockeyspieler ...

Jeder Rückschlag ist auch eine Chance. Viele Menschen aber verzweifeln und verbeißen sich in ihre Probleme, sehen das Positive nicht mehr. Genau das aber ist der Schlüssel, um Krisen auch bewältigen zu können. Der wichtigste Rückhalt in dieser Situation ist für mich meine Familie. Ich bin froh, dass meine Eltern hier sind.

Auch für mein Spiel kann ich durch meine Zwangspause jetzt lernen. Ich merke es mit jeder Minute mehr. Von hier oben hat man wieder einen ganz anderen Blick auf das Spiel. Ich verstehe nun die Fans gut, wenn sie während des Spiels immer wieder „Schieß" schreien. Von hier oben sieht das Spiel viel langsamer aus, als es tatsächlich ist. Was mir auch auffällt: Am Eis scheint viel mehr Platz, als man als Spieler den Eindruck hat. Bei meinem Comeback werde ich versuchen, diese Beobachtungen aktiv für mein Spiel zu nutzen.

Viele Sportler kommen nach Rückschlägen oft stärker zurück, als sie vor der Verletzung waren. Bei manchen ist es schier unglaublich, welche Heilkraft der Körper entwickeln kann, vor allem, wie ein fester positiver Wille, wieder zurückzukommen, den Heilungsverlauf beschleunigen und stärken kann. Das beeindruckendste Beispiel für ein Comeback ist für mich Hermann Maier. Nach dem Motorradunfall im August 2001 konnte sein rechtes Bein nur durch eine Notoperation vor der Amputation bewahrt werden. Nach eineinhalb Jahren der Selbstüberwindung wurde Maier im Jänner 2003 wieder zum Siegläufer im alpinen Schi-Weltcup. Das Buch über seine Karriere und über sein unglaubliches Comeback gehört zu meinen absoluten Lieblings-

Kein „Muster ohne Wert" – in Graz traf ich im Sommer 2008 eines meiner großen Vorbilder, Thomas Muster.

büchern und ich bin sehr stolz, eine vom „Herminator" signierte Ausgabe zu besitzen.

Ein weiterer Landsmann von mir, Thomas Muster, hat mit seinem Willen nicht nur eine schwere Knieverletzung, die ihm 1989 ein betrunkener Autofahrer in Key Biscayne zugefügt hatte, überwunden. Eben durch diesen Willen wurde Muster sechs Jahre später als erster Österreicher die Nummer eins der Tennis-Weltrangliste. Für mich als knapp Zehnjährigen war es damals ein riesiger Ansporn, zu sehen, wie es ein Österreicher in einer der prestigeträchtigsten Sportarten der Welt ganz nach oben schaffen kann. Legendär sind die Bilder nach seiner Verletzung von 1989, als er, auf eine Holzkonstruktion „gefesselt", im Sitzen schon wieder Bälle übers Netz schlug.

(Kein) Showman

35.17: „Spacek's shot is right on and Nabokov's gonna hang on to that one."

Rick Jeanneret

Großartiger Schuss von Jaro Špaček von der blauen Linie. Aber leider eine genauso großartige Parade von Nabokow im Sharks-Tor. Wenn Goalies einen scharfen Schuss mit dem Handschuh aus der Luft fangen, sieht das immer ganz besonders spektakulär aus. Nabokow hält den Puck fest, beruhigt das Spiel und sorgt für eine Spielunterbrechung. Das Fernsehen nützt die Gelegenheit, um eine Werbepause einzuschieben. In ein paar Sekunden geht es mit einem Bully für uns im Angriffsdrittel weiter.

Jubel über einen meiner Treffer.

Große Gesten oder ausufernder Torjubel sind nicht meine Sache. Es gibt Spieler, die nach einem Tor eine riesige Show abziehen. Manche rutschen sogar am Bauch übers Eis. Ich weiß nicht, meins ist das wirklich nicht. So einen Jubel kenne ich sonst nur von der Schwedin Anja Pärson beim Skifahren, wenn sie wie eine Robbe durchs Zielgelände rutscht.

Ich freue mich innerlich viel mehr, als ich äußerlich zeigen kann. Vielleicht hat das damit zu tun, dass es ja auch mein Job ist. Ich werde dafür bezahlt, Tore zu schießen. Aber nicht falsch verstehen: Tore schießen ist mein Leben, dafür stehe ich jeden Tag auf und trainiere hart. Ich liebe das Spiel und ich liebe es, meinen Job zu machen. Man muss dabei nur realistisch bleiben. Bei einem wirklich wichtigen Treffer kann mein Jubel auch schon mal etwas ausgefallener sein, aber sonst? Wenn du das 1:0 oder 3:1 schießt, ist das zwar schön, aber man hat das Match ja noch lange nicht gewonnen. Da bleibe ich lieber konzentriert und versuche, noch ein oder zwei Tore zu erzielen. Zum Feiern hat man nach dem Spiel ja noch Zeit.

Wie sieht mein Torjubel also aus? Im Normalfall balle ich kurz die Faust und fahre dann sofort zu dem Teamspieler, der mir das Tor aufgelegt hat, um mit ihm abzuklatschen und mich zu bedanken. Ist es ein wichtigeres Tor oder ein Treffer in einem besonders emotionalen Spiel, reiße ich meist die Arme in die Höhe und fahre frontal in die Plexiglasscheibe hinter dem Tor. Das ist meine Art, mich bei den Fans zu bedanken.

In der langen Geschichte der Buffalo Sabres gibt es einen Spieler, der wegen seines ungewöhnlichen Torjubels unglaubliche Popularität erlangte. Mike Foligno trug in den 80ern den blaugoldenen Dress der Sabres und machte nach jedem seiner Tore einen Sprung am Eis – verrückt, aber die Fans liebten es. Inzwischen ist Foligno in die „Hockey Hall of Fame" aufgenommen worden. Das war aber nicht nur ein Verdienst seines Torjubels, der Mann war einfach richtig gut.

Freundschaft

36.02: „There's a penalty coming up here and it's going to Pavelski for holding."

Rick Jeanneret

Die Zwei-Minuten-Strafe gegen San Jose hat Aleš geschickt herausgeholt. Mein Freund Kotalik! Während meiner ersten Saison hier bei den Buffalo Sabres hat er sogar bei mir gewohnt. Aleš war gerade in den ersten Monaten enorm wichtig für mich, er ist fünf Jahre älter und hat sein erstes Spiel in der NHL schon in der Saison 2001/02 absolviert. Gut, dass sich im Eishockey Freundschaften entwickeln, die auch anhalten, wenn ein Spieler den Verein verlässt oder man gar nicht im selben Club spielt.

Mit Paul Martin von den New Jersey Devils bereite ich mich im Sommer immer gemeinsam auf die neue Saison vor. Wenn wir uns während der Saison am Eis gegenüberstehen, wird vor dem Bully vielleicht ein bisschen Small Talk betrieben, danach gibt es kein Pardon mehr und er fährt die Checks gegen mich mit aller Härte zu Ende. Nach dem Spiel treffen wir uns trotzdem und gehen gemeinsam essen.

Für Feindschaften innerhalb des Teams ist in einem Mannschaftssport wie Eishockey kein Platz. Was nicht heißt, dass man als Rookie nicht hart im Nehmen sein muss. Da gibt es – je nach Team unterschiedlich – verschiedene Rituale, wie man bei den „Großen" aufgenommen wird. Bei den Sabres ist das die sogenannte „Rookie-Party". Während eines der ersten Auswärtstrips der Saison suchen die älteren Spieler ein Restaurant aus und mieten einen Raum für die 25 Kaderspieler. Die Zeugwarte dürfen mitkommen, Trainer und Management nicht. Dann wird zunächst viel gegessen und getrunken. Nach dem Gelage muss der Rookie in der Mitte Platz nehmen und die ganze Gruppe unterhalten: Witze erzählen, singen oder Ähnliches. Ja, und am Ende muss der Rookie selbstverständlich die ganze Zeche begleichen.

Meine Rookie-Party fand vor einem Spiel gegen die Florida Panthers statt. Ich glaube, ich erzählte damals Witze. Die waren zwar nicht besonders lustig, trotzdem haben alle gelacht. Oder besser: Man hat mich ausgelacht. Weil natürlich liegt der einzige Sinn und Zweck der Party darin, dass sich der Rookie bis auf die Knochen blamiert. Und das gelingt jedes Mal. So ist das Leben, gerade auch dadurch entstehen Freundschaften und wird das Teamgefüge gestärkt.

Für alle gleich peinlich, oder gleich lustig, ist die alljährliche Halloween-Party. Für mich ist dieser Event jedenfalls das Party-Highlight des Jahres. Das Team mietet ein Restaurant oder eine Bar für alle Spieler und Spielerfrauen. Wie in den USA üblich, muss jeder verkleidet kommen. Am Ende des Abends wird das beste Kostüm prämiert. Obwohl es keine Preise gibt, sind alle sehr ehrgeizig. Mein gelungenstes Kostüm war, als ich mich mit unserem damaligen Backup-Goalie Marty Biron als Harry und Lloyd

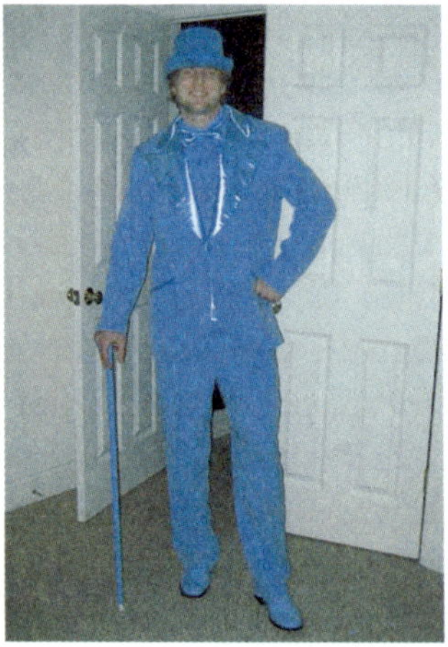

Meine Lieblingsverkleidung zu Halloween 2006: „Harry" aus dem Film „Dumm und Dümmer".

aus „Dumm und dümmer“ verkleidete. Marty gab einen perfekten Lloyd ab, ich einen perfekten Harry. Marty wurde vor zwei Jahren leider nach Philadelphia abgegeben. Ich vermisse ihn oft. Er ist jemand, der für die Stimmung in der Kabine unheimlich wichtig war: immer witzig, immer den Mund offen und immer einen guten Spruch drauf. Außerdem sorgte er dafür, dass es nie langweilig wurde. Marty war begnadet, anderen einen Streich zu spielen. Ich glaube, es war Danny Brière, dem er während eines Trainings einmal die Geldbörse in die Jeans einnähte ...

Freundschaften waren und sind mir wichtig. Als Kind und Jugendlicher in Österreich habe ich das eine Wochenende bei diesem, das nächste bei einem anderen Freund verbracht. Meine Eltern haben das immer unterstützt. Ich hatte auch das Glück, fast immer und überall schnell Anschluss zu finden. Selbst in meinen ersten Monaten in den USA, als ich noch Probleme mit dem Englischen hatte, konnte ich rasch Freunde finden. Es war sicher hilfreich, dass ich gut Hockey spielen konnte und andere sich darüber mit mir unterhalten wollten.

Während meiner Urlaube zu Hause bei der Familie im Sommer treffe ich alle Freunde, wir plaudern über das letzte Jahr und haben jede Menge Spaß, völlig ungezwungen. Ich genieße es, dass ich bei meinen Freunden so sein kann, wie ich bin und sie mich nicht als unantastbaren Star sehen. Ich sehe mich selbst gerne als vernünftigen Menschen, der seine Bodenhaftung nicht verloren hat, und gehe gerne auf andere zu. Ich weiß, dass das auch zu meinen Aufgaben als Spieler gehört. Die Fans hier in Buffalo leben für unser Team und wir wollen ein Team für die Fans sein. Sicherlich gibt es Grenzen, aber in einem gewissen Rahmen müssen und wollen wir zum Anfassen da sein. Ein Autogramm für ein Kind zu schreiben und dabei in die leuchtenden Augen zu sehen, lassen den Frust nach einer Niederlage schneller schwinden.

Im Team selbst gilt der Spruch „Elf Freunde müsst ihr sein“ nur bedingt. Grundsätzlich muss es egal sein, ob man sich privat mit seinen Teamkollegen gut versteht. Jeder muss die Einstellung haben, das Maximum aus sich herauszuholen, auch wenn er nicht gerade mit seinem besten Freund am Eis steht.

Schließlich haben wir alle ein gemeinsames Ziel: zu gewinnen! Da gibt es keinen Platz für private Animositäten. Letztlich ist es doch so: Die rund 25 Spieler einer Eishockeymannschaft bilden ein Team, wie in jedem anderen Job auch. Mit manchen Leuten versteht man sich richtig gut, verbringt auch privat Zeit miteinander. Dann gibt es Kollegen, die genau das sind – Kollegen eben. Nicht mehr und nicht weniger. Und wahrscheinlich gibt es auch Spieler, die sich abseits des Rinks nicht riechen können. Im Spiel müssen wir aber als eine zusammengewachsene Mannschaft auftreten. Ein gutes Mannschaftsgefüge bildet die Grundvoraussetzung jedes gemeinsamen sportlichen, aber auch wirtschaftlichen Erfolges. Das Wohl der Mannschaft muss in diesem Fall über den Befindlichkeiten des Einzelnen stehen. Ich muss ja nach einem Sieg oder einer Niederlage nicht mit jedem noch auf ein Bier gehen …

Ich kann mich nicht erinnern, dass ich während meiner bisherigen Profikarriere jemals richtig Streit mit einem anderen Spieler gehabt hätte. Das liegt mir nicht. Bevor es so weit kommt, ist es meiner Meinung nach besser, einen Konsens zu suchen oder einen Rückzieher zu machen.

Um das Verständnis innerhalb einer Linie zu verbessern, gibt es neben den gemeinsamen Trainingseinheiten ein ganz einfaches Mittel: reden, reden, reden. Nach einem Wechsel versuche ich mit meinen Kollegen immer, die letzten Spielszenen kurz zu analysieren, um Verbesserungsmöglichkeiten zu erkennen.

Eishockey ist aber nicht nur ein sehr schneller, sondern auch ein sehr schnelllebiger Sport. Wenn es einmal nicht so gut läuft, bleibt dem Coach fast nichts anderes übrig, als die Linien umzustellen. Dann dauert es natürlich wieder einige Zeit, bis man die passende Chemie mit den neuen Linienkollegen gefunden hat.

Die sprichwörtliche Chemie eines Teams wird sicher besser, wenn man das ganze Jahr über immer mit denselben Linienkollegen zusammen spielt. Man merkt sich die Laufwege und Positionen der Kollegen besser, alles läuft nahezu blind. In meiner zweiten Saison, als wir den Grunddurchgang gewinnen konnten, spannte mich der Trainer praktisch durchgehend mit Derek Roy und Max Afinogenow zusammen. Als beste dritte Linie der ganzen Liga dominierten wir die Konkurrenz fast nach Belieben. Im Englischen würde es heißen: „we were on fire". Denkwürdig war das Spiel am 17. Oktober 2006 gegen Philadelphia. Wir zerlegten die Flyers damals mit 9:1 und stürzten sie in die totale Krise. Ich erzielte zwei Tore und zwei Assists, Afinogenow ein Tor und vier Assists und Roy konnte auch zwei Treffer auf seinem Konto verbuchen. Wir spielten die Flyers-Abwehr teilweise schwindelig, machten Pässe hinter unserem Rücken, blinde Ableger – es

Ich bejuble mit Maxim Afinogenow (l.) und Derek Roy (r.) den 9:1-Kantersieg über die Philadelphia Flyers am 17. Oktober 2006.

war ein Tag, an dem alles aufging. Das war die Geburtsstunde der „RAV-Linie", wobei die Buchstaben jeweils für unsere Nachnamen standen: Roy–Afinogenow–Vanek. Im Jahr darauf sollte die Linie leider zerfallen. Max hatte sich schwer verletzt und infolgedessen seine Form nicht wiedergefunden.

Hellseher

37.31: „Kept in by Ellis. Ellis took his shot and right in front of the net it gets kicked away."

Rick Jeanneret

Gott sei Dank bekommen wir das Spiel jetzt wieder etwas besser in Griff. Eine Zwei-Tore-Führung klingt ja komfortabler, als sie tatsächlich ist. Wir dürfen jetzt nur ja kein Tor kassieren. Mir gefällt, wie sich unser Team wieder gefangen hat und nunmehr im Powerplay ordentlich aufs Tempo drückt und Präsenz zeigt. Der Handgelenkschuss von Matt Ellis war nicht ungefährlich. Solche Schlenzer kommen blitzschnell und sind für den Goalie schwer zu lesen.

Das Spiel zu lesen, also zu erkennen, was passieren wird, ist sicher eine meiner großen Stärken. Dessen bin ich mir durchaus bewusst. Das ist eine Gabe, die nur sehr schwer zu erlernen ist. Entweder man hat sie oder man hat sie nicht. Gerade für mein Spiel ist es aber extrem wichtig.

Ich versuche, dem Spielgeschehen immer einen Schritt voraus zu sein. Was in den nächsten drei, vier Sekunden passiert, ist oft viel wichtiger als das, was gerade im Augenblick mit dem Puck geschieht. Wenn man das Spiel richtig liest, wird es viel einfacher, eine offene Lücke zu finden oder zur richtigen Zeit am richtigen Ort zu stehen. Konkretes Beispiel: Man steht genau dort, wo der Goalie den Abpraller wegspringen lässt. Das Resultat daraus ist entweder ein Tor oder wenigstens eine Top-Chance.

Diese Antizipationsfähigkeit zeichnet meiner Meinung nach jeden Torjäger dieser Welt aus. Es macht keinen Unterschied, ob es ums Eishockey oder um Fußball geht. Wie viele Tore haben

Hans Krankl oder Toni Polster aus nur wenigen Metern Entfernung geschossen? Dieser sogenannte „Torriecher“ ist nichts anderes als die Fähigkeit, das Spiel richtig zu lesen. Man ahnt, wohin der Ball oder der Puck kommen wird.

Am wichtigsten ist dieses blinde Spielverständnis bei fünf gegen fünf. Im heutigen Hockey lassen sich für diese Spielsituationen kaum noch Spielzüge einstudieren. Es geht da eher um flexible Spielsysteme. Dementsprechend beweglich muss man auch als Spieler selbst sein. Ich kann nicht nur auf meiner fixen Position am linken Flügel warten, was sich im Spiel tut. Dafür geht alles viel zu schnell und – nicht zuletzt durch die kleinere Eisfläche in den NHL-Hallen – es gibt auch viel zu wenig Platz.

Zu erahnen, wohin die Scheibe kommen wird, ist in der Defensive ebenso wichtig wie in der Offensive. Ich weiß, dass ich mich defensiv weiter verbessern muss. Heuer habe ich schon einige Schritte in die richtige Richtung gemacht. Defensive Spielantizipation lässt sich gut durch Videoanalysen trainieren. Es hilft auch, wenn man sich viele Hockeyspiele im Fernsehen ansieht. Man sieht dann die besten Spielzüge der Gegner und weiß nach einiger Zeit, was ein Gegenspieler in einer bestimmten Situation gerne macht. Mit diesen Rückschlüssen geht das eigene Verhalten am Eis oft leichter von der Hand.

Was kann man also tun, um sich einen kleinen Vorteil zu verschaffen? Einerseits ist es natürlich günstig, wenn man „gut bei Fuß ist“, sprich, wenn man bei den ersten zwei, drei Schritten schneller als der Verteidiger ist. Auf der anderen Seite wird die erwähnte Fähigkeit, das Spiel zu lesen, bedeutsam. Ja, und wenn man mit seinen Teamkollegen auch noch eine gute Spielchemie entwickelt hat, können großartige Tore das Resultat sein. Eine Kombination aus diesen drei Faktoren hat uns zu Beginn dieser Saison gegen die Vancouver Canucks einen Heimsieg gesichert.

In den letzten Spielminuten liegen wir 4:2 in Führung, Vancouver macht großen Druck und versucht alles, um das Spiel nochmals umzudrehen. Die Canucks schnüren uns in unserem eigenen Drittel ein, als ihnen ein folgenschwerer Patzer unterläuft. Ein Vancouver-Spieler will den Puck aus dem Eck zurück zur blauen Linie passen. Ich ahne den kommenden Pass und kann den Puck leicht abfälschen. Die Scheibe erreicht ihr Ziel, den Canuck-Verteidiger nicht, sondern kullert die Bande entlang in die neutrale Zone. Das Sprint-Duell gegen meinen Gegenspieler gewinne ich und ziehe allein auf das Vancouver-Tor. Der Verteidiger kann sich nur mehr mit einem Foul helfen. Mit seinem Schläger hakt er sich unter meinem rechten Arm ein, ich habe keine Möglichkeit, zu schießen, verliere das Gleichgewicht und gehe in die Knie. Dass der Referee da schon Foul angezeigt hat, habe ich zunächst gar nicht mitbekommen. Ich war total auf die Situation fokussiert und habe versucht, das Beste daraus zu machen. Auf Knien rutsche ich also am Vancouver-Tor vorbei. Ich weiß aber, dass unser Spielsystem vorsieht, dass im Fall eines solchen Konters stets ein Stürmer in der Mitte nachstößt. Also spiele ich blind einen Rückhandpass zurück in die Mitte der Angriffszone. Wie einstudiert ist Aleš Kotalik vor dem Tor. Er übernimmt die Scheibe direkt und erzielt das 5:2. Unvergesslich danach unser Torjubel. Aleš und ich fahren aufeinander zu, aber keiner macht Anstalten, abzubremsen. Also kommt es zum „Check des Abends“. Aleš reißt mich nieder, wir landen beide am Eis und können nicht mehr aufhören, zu lachen.

Katastrophen

39.08: „Boyle took the shot and he scores."

Rick Jeanneret

Zum ersten Mal an diesem Abend fluche ich innerlich. Mein zugenähter Mund erspart Ashley, meiner Mutter und meinem Vater die Kraftausdrücke, die mir in den Sinn kommen. 40 Sekunden vor dem Ende des zweiten Drittels hat San-Jose-Verteidiger Dan Boyle den Anschlusstreffer zum 3:4 erzielt. Nach einem Pass von Joe Thornton hat er aus dem eigenen Drittel heraus einen Solo-Lauf hingelegt. Zunächst hat es noch so ausgesehen, als würde es Toni Lydman gelingen, Boyle abzudrängen, aber der punktestarke Defensivmann hat die Scheibe trotz harter Bedrängnis kontrolliert an unserem Finnen vorbeigeführt, um sie schließlich auch noch scharf über die Fanghand von Ryan Miller zu schlenzen. Die Entschlossenheit von Boyle in dieser Situation stellt die Partie in einem aus unserer Sicht äußerst unpassenden Moment auf des Messers Schneide. Doppelt bitter, weil wir davor ein Powerplay ungenutzt gelassen haben. Einige unserer Spieler auf der Bank blicken zu Boden. Jeder will jetzt nur mehr in die Kabine, den Schock verarbeiten und neue Kraft und Konzentration für das letzte Spieldrittel schöpfen. Unser Vorsprung ist gefährlich zusammengeschmolzen. Auch wenn man es für Bruchteile von Sekunden zu empfinden glaubt: Katastrophe ist dieser Gegentreffer angesichts der Tragödie in der vergangenen Nacht keine.

Der Absturz des Flugzeuges praktisch vor unserer Haustür war nicht die erste Katastrophe in unserer unmittelbaren Nachbarschaft. Vor zwei Jahren stürzte in Minneapolis zwei Minuten von unserem Haus entfernt eine Brücke ein. Es handelte sich um die meistbefahrene Brücke in ganz Minnesota, die ich selbst auch oft benutzte. Es war unglaublich. Ich saß mit Ashley vor dem Fernseher und plötzlich erschien ein „Breaking News"-Balken am Bildschirm. An den Bildern sahen wir gleich, dass es „unsere" Brücke war, die nicht mehr stand. Sofort schickten wir SMS an unsere Freunde in der Umgebung, um nachzufragen, ob bei ihnen alles in Ordnung sei. Ein Freund von mir befand sich mit seinem Auto 100 Meter vor der Brückenauffahrt, als das Bauwerk vor seinen Augen krachend seinen Dienst aufgab. Wenig später bekamen wir die ersten Anrufe von Freunden und Eltern aus Europa. In diesen Momenten wird einem bewusst, wie unvermittelt und schnell sich Dinge und Umstände ändern können. Nach dem Flugzeugabsturz gestern Abend dachte ich zunächst gar nicht an diesen spektakulären Vorfall. Das schoss mir erst heute Früh beim Aufstehen durch den Kopf. „Wahnsinn", murmelte ich Ashley durch meine Drähte zu, „der Flugzeugabsturz gestern, vor zwei Jahren die Brücke ...".

Mein Blick fällt auf den Jumbotron. Drei Wochen nach der Eröffnung unserer Arena im Jahr 1996 lockerte sich die Verankerung unter dem Hallendach und der riesige Videowürfel krachte auf die Spielfläche. Die Spieler hatten wenige Minuten zuvor ihr Training am Eis beendet und waren bereits in der Kabine. Unvorstellbar, was sonst passiert wäre ...

In den Stunden vor dem Absturz des Flugzeuges waren Ashley und ich gemeinsam mit meinen Eltern im Casino in Niagara Falls. Ich wollte nach den trostlosen Tagen meiner Kieferoperation wieder einmal ein bisschen Ablenkung und im Casino hat man auch Spaß, ohne zu reden. Wir verbrachten einen unbeschwerten Abend, auch weil wir Blake zu Hause beim Kindermädchen in guten Händen wussten. Gegen 21 Uhr machten wir uns mit dem Auto auf den Weg zurück nach Buffalo. Je näher wir unserem Haus kamen, desto beängstigender wurde die Anzahl an Einsatzfahrzeugen. Sofort war klar, dass etwas Schlimmes passiert sein musste, und alle Gedanken waren nur noch auf unseren

Sohn gerichtet. Ashley versuchte, das Kindermädchen zu erreichen, doch es kam keine Verbindung zustande. Nach den bangen Minuten im Auto war die Erleichterung, als wir bei unserem Haus anlangten, natürlich groß, dass mit Blake alles in Ordnung war.

Sofort schalteten wir den Fernseher ein, aber in keinem Kanal fanden wir eine Berichterstattung. Im selben Augenblick rief mich unser Backup-Goalie Patrick Lalime an und erzählte aufgeregt, dass hier bei uns ein Flugzeug abgestürzt wäre. Sein Schwager hätte den Einschlag des Flugzeuges mit eigenen Augen gesehen.

Gebannt saßen wir vor dem Fernseher und zappten zwischen den Sendern hin und her. Als wir die ersten Bilder eines von meterhohen lodernden Flammen orange gefärbten Nachthimmels sahen, wurde uns das Ausmaß der Katastrophe deutlich. Der Reporter sprach davon, dass die Maschine im Nebel auf ein Wohnhaus gestürzt war und es Tote und Verletzte gab. Als dann die genaue Absturzstelle auf einer Landkarte gezeigt wurde, blieb uns regelrecht der Atem weg. Nur wenige Sekunden, und es hätte unser Haus getroffen. Heute in der Früh las ich in der Zeitung, dass unter den 50 Toten auch eine Frau ist, die ihren Mann bei den Anschlägen auf das World Trade Center am 11. September 2001 verloren hatte.

Katastrophen können in unserem Sport leider auch am Eis vorkommen. Ziemlich genau vor einem Jahr, am 10. Februar 2008, wäre Richard Zednik von den Florida Panthers in einem Spiel gegen uns beinahe ums Leben gekommen. Sein Teamkollege Olli Jokinen fuhr ihm mit der Kufe seines Schlittschuhes so unglücklich über den Hals, dass seine Halsschlagader beinahe vollständig durchtrennt wurde. Mit einem Mal war es in der Halle gespenstisch still. Blut spritzte wie in einem Horrorfilm, Zednik lief mit der Hand am Hals und kreidebleich selbst noch zur Spielerbank. Ich sah meinen Teamkollegen in ihre blassen Gesichter. Jeder wusste, dass es in diesem Moment um Leben und Tod ging. Im Nachhinein hat sich herausgestellt, dass Zednik sein

Leben gerettet hat, weil er noch selbst zur Spielerbank zurückgelaufen war. Ein bisschen Glück war auch dabei, denn einige Ärzte im Spital von Buffalo sahen sich das Spiel im Fernsehen an und wussten sofort, dass sie sich auf einen Notfall vorbereiten mussten. Als Zednik ins Spital eingeliefert wurde, war bereits alles für eine Notoperation hergerichtet. Zum Glück war das Spiel schon fast vorbei. Die letzten paar Minuten spielten beide Teams lustlos weiter, das Ergebnis interessierte keinen mehr. Umso größer war die Erleichterung, als wir am nächsten Morgen erfuhren, dass Zednik außer Lebensgefahr war. Mittlerweile spielt er sogar wieder Eishockey – und das ziemlich erfolgreich.

Zweite Pause – Flucht nach Österreich

40.00: „The Sharks with a shot that goes wide of the net. And with that the second period has come to an end."

Rick Jeanneret

Die Sirene heult. Pause. Der Anschlusstreffer durch Boyle schmeckt bitter, sodass ich fast schon froh über meinen zugenähten Mund bin. Wie schnell einem der Appetit vergehen kann. Meine Teamkollegen wollen so rasch wie möglich in die Kabine. Ruhe ist jetzt wichtig. Das Selbstvertrauen nicht verlieren! Die Fans stehen von ihren Sitzen auf, viele starren wie unter Schock auf die Eisfläche. Meine Frau Ashley, meine Mutter und mein Vater bleiben bei mir. Gemeinsam ziehen wir uns in einen Raum zurück, der für die Spielerfamilien reserviert ist. Dort stehen einige gemütliche Ledercouches, Tische und ein großer Fernseher. Meine Familie bedient sich am Buffet, während ich ihnen beim Essen nur zusehen kann.

Ganz anders geht es jetzt in der Kabine zu. Dort wird über das vergangene Drittel gesprochen. Der Coach versucht, Roy & Co wieder aufzubauen, ihnen Selbstvertrauen für das letzte Drittel einzuimpfen. Tatsächlich ist in diesen Momenten aber jeder Spieler für sich allein. Ich kenne das von mir selbst. Man bemüht sich, für ein paar Momente abzuschalten, seine Kräfte neu zu bündeln, neue Motivation und Konzentration zu finden.

Mein Vater verlässt uns für einige Minuten. In der Halle und allen dazugehörigen Räumen herrscht selbstverständlich Rauchverbot. So wie Hunderte andere Fans geht er vor die Halle, um eine Zigarette zu rauchen. „Ich bin dann mal weg", sagt er mit einem Zwinkern. Wir sind dann mal weg – nach diesem Motto handelten meine Eltern auch im Sommer 1982. Die Ausreise aus der damaligen ČSSR, einem Mitgliedsland des Warschauer Paktes, war eine Flucht. Diese hatten meine Mutter und mein Vater gründlich vorbereitet und auch mit niemandem darüber geredet, nicht einmal mit ihren Eltern. Sie wussten, dass es unter Umständen kein Zurück mehr geben würde.

So machten sich Jarmila und Zdeněk mit meinem Bruder David, der damals in etwa so alt war wie mein Sohn Blake heute, auf den Weg. Zunächst auf „Urlaub" ins kommunistische, aber blockfreie und sonnige Jugoslawien. Zum Zeitpunkt der Flucht meiner Eltern richteten sich die Blicke der Weltöffentlichkeit auf die laufende Fußball-Weltmeisterschaft in Spanien. Mein künftiges Heimatland Österreich hatte in der Vorgruppe mit Chile, Algerien und Deutschland zu kämpfen. Meine entschlossenen Eltern wollten über Ungarn, Jugoslawien, Österreich und Deutschland nach Amerika.

Nach 14 Tagen in Dubrovnik näherte sich meine Familie Ende Juni 1982 entlang der dalmatinischen Küste der Grenze zu Österreich. Ihre ausgestellten provisorischen Pässe waren nur in Ungarn und Jugoslawien gültig. Nach Österreich hätte man damit nicht einreisen dürfen. Meine Eltern, die zu Hause alles verkauft hatten, versuchten an mehreren Grenzübergängen, nach Österreich zu kommen, scheiterten aber. Mein Vater erinnert sich, dass die Familie schließlich am dritten oder vierten Juli den Weg über den Wurzenpass im Karawankengebirge nahe Villach in Angriff nahm. Die Erzählungen meiner Eltern von dieser abenteuerlichen Reise nach Österreich geben mir ein Gefühl der Dankbarkeit.

„Wir sind auf den Wurzenpass hinaufgetuckert und auf einmal endet der Asphalt und es kommt nur noch Schotter. Irgendwo ganz oben geht auf einmal das Auto nicht mehr. Wir hatten Vorderradantrieb und das Auto war zu leicht, wir hatten keinen Grip mehr", erzählt meine Mutter. Sie musste aussteigen und sich vorne auf die Motorhaube setzen! An den Scheibenwischern hielt sie sich fest ... es war ja nur mehr ein kleines Stück. Mein Vater erinnert sich, dass damals, 1982, der Grenzübergang am Wurzenpass nur eine Spur hatte. Es war Urlaubszeit und hinter ihnen standen 200, 300 Autos. Umdrehen wäre unmöglich gewesen. Der jugoslawische Zöllner schaute auf die Pässe und fragte: „Was ist das?" Mein Vater blickte starr in Richtung Österreich und antwortete: „Na ja, wir wollen dort einfach hinfahren." Der Zöllner schmiss die Pässe zurück ins Auto und sagte auf Russisch: „Fahr!" So kamen meine Eltern und mein Bruder David nach Österreich. Ich musste mich bis zu meiner Geburt noch eineinhalb Jahre gedulden.

Den österreichischen Beamten gegenüber versicherten meine Eltern, dass sie nach Deutschland weiterwollten. Zunächst mussten sie zur Polizei. Die Behörden nahmen ihre Fingerabdrücke und für die erste Nacht in Österreich bot man ihnen ein Zimmer im Dachboden des Polizeigebäudes an – mit Eisenbetten und Decken vom Bundesheer. Meine Mutter lacht immer, wenn sie erzählt, als die Polizisten sie freundlicherweise darauf aufmerksam machten, dass es gleich gegenüber der Polizei ein Restaurant gebe. „Wer soll das bezahlen?" Schließlich gingen meine Eltern doch ins Gasthaus und bestellten zwei Kinderportionen. Eine für David, die zweite teilten sich meine Mutter und mein Vater. Am nächsten Tag wurden sie von den Beamten ins Flüchtlingslager nach Traiskirchen in Niederösterreich geschickt.

An Traiskirchen haben meine Eltern nur gute Erinnerungen. Sie wohnten in verschiedenen Pensionen und bekamen vom österreichischen Staat sogar ein kleines Taschengeld. Bald aber mussten sie sich entscheiden, wohin sie wollten. Ursprünglich waren ihre Ziele die USA oder Kanada. Durch die Gespräche mit anderen Flüchtlingen in Traiskirchen jedoch wurden sie skeptisch. Meine Mutter erinnert sich genau: „Eigentlich hat jeder gesagt: Australien, Kanada oder USA. Das waren die drei Möglichkeiten. Aber dadurch, dass wir in verschiedenen Pensionen rund um

Traiskirchen gewohnt haben, haben wir so viel gehört. Viele sind ja wieder aus Übersee zurückgekommen und haben ‚Horror-Geschichten' erzählt: ‚Wenn du dort stolperst, gehen die Leute einfach über dich drüber und vielleicht kriegst du auch noch ein Messer in den Rücken.' Auf alle Fälle haben wir ein bisschen Angst bekommen. Vor allem ich. Wir waren vom Kommunismus sehr verblendet, sicher auch, weil wir nicht ausreisen durften. Ich habe so ein Gefühl gehabt, Amerika sei irgendwo und wenn ich dorthin fliege, komme ich nie mehr zurück. Das war für uns wirklich eine andere Welt. Entweder du bist in dieser oder in der anderen. Aber so wie es heute ist, dass ich im Flieger sitze und vielleicht morgen oder übermorgen wieder zurück bin – damals unvorstellbar!"

In den ersten Jännertagen 1983 schließlich verwarfen meine Eltern den Gedanken, in die USA zu gehen. Mein Vater war als Eishockeyspieler wegen seines Flüchtlingsstatus vom internationalen Verband für zwei Jahre gesperrt worden, deswegen begann er, in Krems als Kinder- und Jugendtrainer zu arbeiten. So entschlossen sich meine Eltern, in Österreich zu bleiben. Sie zogen

Mein Weg zu den Buffalo Sabres hat sich schon 1985 bei einem Besuch im Tiergarten Schönbrunn abgezeichnet.

weiter nach Wiener Neudorf, wo sie ein kleines Appartement mit Garten bewohnen konnten. Am 19. Jänner 1984 kam ich in Baden bei Wien auf die Welt. Die ersten Wochen verbrachte ich im Kinderwagen verpackt an der frischen, eisigen Luft unseres Wiener Neudorfer Gartens. Meine Mutter meint, dass ich deswegen so gut gewachsen bin.

Zu dieser Zeit fing mein Vater an, beim Wiener Eishockey Verein (WEV), aus welchem später die Vienna Capitals hervorgingen, zu arbeiten. Der Verein bot meinen Eltern bald darauf eine Wohnung in Wien an, doch meine Mutter wollte dort nicht in einem der Betonblöcke wohnen. Sie wollte viel Natur um sich haben. Die Sperre meines Vaters lief ab und er durfte nun wieder als Spieler aufs Eis. Zell am See, damals in der zweithöchsten Spielklasse Österreichs, machte meinem Vater ein gutes Angebot. Die Kulisse um den Zeller See war traumhaft. So fiel meinen Eltern die Entscheidung leicht. Am Zeller See stand ich zum ersten Mal am Eis. Mit zwei Kufen unter jedem Fuß, um auf der glatt gefrorenen Wasseroberfläche gehen zu lernen.

Zehn Jahre verbrachten wir in Zell am See. 1994 aber kam die Zeit, weiterzuziehen. Zell am See musste mit zwei Konkursen kämpfen und so sah mein Vater ein halbes Jahr kein Geld. Dem EC Graz eilte Anfang, Mitte der 90er-Jahre ein hervorragender Ruf in der Jugendarbeit voraus. Auch die Kampfmannschaft konnte von 1991 bis 1994 drei Vizemeistertitel erringen. Eishockey-Euphorie war also da, ein guter Nährboden für meine Entwicklung.

Die Jugendmannschaften in Graz waren stark. Schon mit elf Jahren spielte ich fix in den Teams der U-14 und U-16. Zum ersten Mal spürte ich intensiv dieses Mannschaftsgefühl, das Eishockey ausmacht. Man gewinnt gemeinsam, man verliert gemeinsam. Schuld oder Verdienst kann niemals nur einem Einzelnen zugeschoben werden. In diesen vier Jahren in Graz wurde ich langsam, aber sicher richtig gut. Mein Bruder, Vater und ich schauten zu Hause im Fernsehen oft NHL. Im DSF lief damals noch ein Mal pro Woche eine Zusammenfassung der letzten NHL-Spiele. Das war natürlich ein Fixtermin im Hause Vanek.

Mein Vater kehrt vom Rauchen zurück. Drittes Drittel. Von den Zuschauerrängen kommt lautstarke Unterstützung. Wir haben nur ein Tor Vorsprung.

Aberglaube

40.01: „Here we go with the third period. Buffalo still leading, but only by one.“

Rick Jeanneret

Rechtzeitig zum Eröffnungs-Bully sind alle Zuschauer wieder zurück auf ihren Plätzen. Die Stimmung in der Halle ist eine Mischung aus Anspannung und Vorfreude auf den letzten Spielabschnitt. Ein Tor Vorsprung ist praktisch nichts, da ist für beide Teams noch alles möglich. Viele Fans sehen es da als gutes Omen, dass Derek Roy gleich den ersten Puck-Einwurf für die Sabres entscheiden kann. Solange man selbst die Scheibe führt, kann nicht viel schiefgehen.

Aberglaube hat in unserem Sport bei vielen Spielern einen hohen Stellenwert. Unser Goalie muss nach dem Aufwärmen vor einem Match zum Beispiel immer als Letzter vom Eis gehen, sonst wäre es für ihn ein schlechtes Zeichen für das anstehende Spiel. Ich selbst habe eigentlich nur ein Ritual: Vor jedem Spiel besprühe ich die Schaufel meines Schlägers mit schwarzer Farbe. Während ich den Schläger mit Farbe präpariere, kann ich die Gedanken auf das Spiel fokussieren.

Weniger ein Ritual als eine Tradition ist, sich in den Playoffs so lange nicht zu rasieren, bis man ausgeschieden ist. Die „Playoff-Bärte“ gehören seit Jahrzehnten zu unserem Sport dazu, wie Eis, Schläger und Puck.

Vor allem unter den älteren Spielern gibt es einige sehr beeindruckende „Playoff-Bärte“. Wenn ich da zum Beispiel an Scott Niedermayer von den Anaheim Ducks denke ... Er spielt inzwischen schon so lange in der NHL, dass sein dunkler Bart etliche

Jason Pominville (m.), Paul Gaustad (r.) und ich halten die alte Tradition der „Playoff-Bärte" hoch.

graue Stellen bekommen hat. Im Zusammenhang mit seiner grimmigen Spielweise ist er schon eine sehr imposante Erscheinung am Eis. Arm dran sind nur die ganz jungen Spieler, bei denen man nach zwei Wochen noch immer kaum mehr sieht als den Ansatz eines Flaumes. Die Jungen werden natürlich ordentlich aufgezogen. Aber auch das gehört zu unserem Sport dazu.

Am Eis geht es weiter munter zur Sache. Clarke MacArthur hat es für uns mit einem Schuss probiert, der für Nabokow aber kein Problem war. Die Stimmung in der Halle ist jetzt sehr aufgeheizt. Ich höre, wie auf den Rängen unter mir die Fans über den Schuss von „The General" diskutieren. Das ist MacArthurs Spitzname bei Fans und Medien, aufgrund seiner Namensgleichheit mit einem amerikanischen General aus dem vorigen Jahrhundert.

Mein Spitzname im Team ist schlicht „Van". Für einige Fans bin ich dann auch schon mal „Van the Man". Ein Blogger im Internet hat mir den Spitznamen „HDTV" verpasst, in Anspielung auf High-Definition-Fernsehen und meine Präzision beim Torschuss. Kombiniert mit meinen Initialen, ergibt das eben HDTV. Keine schlechte Idee, aber zum laut Rausschreien in der Halle dann doch eher ungeeignet. Ich bin mit „Van“ eigentlich ganz zufrieden. So nennen mich Trainer und Mitspieler und es ist mir fast angenehmer, als mit Thomas angeredet zu werden.

Viele der Spitznamen unserer Spieler haben ihren Ursprung bei Rick Jeanneret. Zum Beispiel hat er Paul Gaustad den Namen „Goose“, also Gans, verpasst. Drew Stafford wird entweder kurz „Staff“ genannt oder nach Torerfolgen – das ist vor allem ein Ritual der Fans – mit einem lang gezogenen „Druuuuu!!!“ gefeiert. Wenn Gaustad oder Stafford ein Tor erzielen, fragen sich neutrale Zuschauer oft, wieso die eigenen Fans Buh-Rufe aufs Eis schicken. Dabei klingen „Goose“ und „Druuuu“ aus 19.000 Kehlen nur so ähnlich. Das ist ganz witzig. Die HSBC Arena ist wahrscheinlich eine der wenigen Sportstätten der Welt, in denen – vermeintliche – „Buh-Rufe“ als Komplimente gelten – zumindest in diesen Fällen.

Jeanneret oder RJ, wie viele ihn nennen, ist in seiner Erfindungsgabe, was Spitznamen angeht, unschlagbar. Danny Brière, einer unserer Superstars aus meinen ersten beiden Jahren bei den Sabres, verpasste er den Spitznamen „Cookie Monster“. Die Geschichte dahinter: Brières Spezialität waren Schüsse unter die Latte. Jeannerets Kommentar dazu: „He scores where Mama hides the cookies.“ In den USA ist „where Mama hides the cookies“ eine Redewendung für Gegenstände, die außer Reichweite von Kindern aufgehoben werden. Tja, und nach dem x-ten Treffer unter die Latte wurde Brière für Jeanneret einfach zum „Cookie Monster“. Die Fans übernehmen diese Namen natürlich sofort und tauchen in der Halle mit selbst gebastelten Plakaten auf, auf welchen diese Spitznamen weitere Fans erreichen.

Eine weitere Namenskreation von Rick betrifft Jason Pominville. Treffer von „Pommers“ kommentiert er grundsätzlich nur mit: „There goes the population of Pominville“, was ins Deutsche übersetzt in etwa bedeutet: „Und wieder ein Einwohner mehr in Pominville“.

Ich denke, Spitznamen sind sehr wichtig für die Identifikation der Fans mit dem Team. Sie bringen die Spieler den Fans näher, sorgen dafür, dass alles ein bisschen freundschaftlicher wird. Zwischen den Spielern am Eis ist es ohnehin praktisch, wenn man kurze, prägnante Namen verwenden kann, um gegenseitig aufeinander aufmerksam zu machen.

Härte

43.01: „Kaleta comes over to take out his man."

Rick Jeanneret

Patrick Kaleta macht wieder einmal das, was er am besten kann. Er geht beinhart auf den Gegner los, plättet ihn schon in der neutralen Zone. So etwas bricht nicht nur den Spielfluss des Kontrahenten, sondern auch dessen Konzentration und – wie soll ich sagen? – seine Contenance. Pat ist aber nicht der einzige „harte Kerl" in unserem Team. Wie jede Mannschaft haben wir auch einen eigenen „Enforcer", also einen Spieler, der in erster Linie dazu im Kader steht, um sich mit den gegnerischen Spielern zu prügeln.

In unserem Fall ist das Andrew Peters. Abseits der Arena eine Seele von einem Menschen, kann er am Eis ganz schön zulangen. Ich selbst war noch nie in eine Schlägerei verwickelt, habe solche Situationen noch nie gesucht. Das ist auch nicht meine Aufgabe. Doch jeder in unserem Sport hat großen Respekt vor der unbedingten Einsatzbereitschaft der Jungs. Selbstverständlich werden sie nie gefeierte Torjäger sein oder das Publikum mit filigrantechnischen Einlagen von den Sitzen reißen. Aber: Ich sehe vor jedem Spiel, wie intensiv sich Peters auf ein Match vorbereitet.

Für den Spieler hat es nichts mit Entertainment zu tun, auch wenn es viele Fans gibt, die gerade wegen dieser Schlägereien in die Halle kommen. Peters sucht sich seine Duelle sehr genau aus. Entweder wird ein bös gefoulter Mitspieler „gerächt" oder es geht darum, dem eigenen Team mit einem Fight wieder neues Leben einzuhauchen. Wenn es gar nicht läuft, kommt Peters aufs Eis, sucht sich einen Gegner und schon fliegen die Fäuste.

Zu Massenschlägereien kommt es sehr selten. Dazu kennen die meisten Spieler ihre eigene Rolle viel zu gut. In meiner bisherigen NHL-Karriere habe ich so etwas erst einmal erlebt, aber dieses Spiel hatte es in sich. Am 22. Februar 2007 setzte Ottawas Chris Neil unseren Kapitän Drury mit einem hinterhältigen Ellbogen-Check gegen den Kopf außer Gefecht. Während Drury noch benommen am Eis lag und blutete, schnappte sich Drew Stafford den Übeltäter. Die Referees gingen dazwischen und waren in der Lage, die Situation im ersten Moment zu beruhigen.

Beim nächsten Wechsel aber kam es zum mittlerweile legendären „Buffalo Brawl". Unser Coach schickte mit Peters, Mair und Kaleta die drei harten Burschen aufs Eis. Zu dem Zeitpunkt schwante Senators-Coach Bryan Murray schon Übles. Er hatte bereits zuvor seine Einser-Linie mit Heatley, Spezza und Alfredsson aufs Eis gesandt, konnte das aber nicht mehr ändern. In der NHL gilt die Regel, dass bei jedem Spiel die Gastmannschaft zuerst neue Spieler aufs Eis schickt, ehe sich die Heimmannschaft für ihre Linie entscheidet.

Die ersten Scharmützel hinter dem Rücken des Referees gab es schon, bevor der Puck überhaupt eingeworfen wurde. Als der Puck dann schließlich im Spiel war, entluden sich die Emotionen. Kein Mensch achtete mehr auf die Scheibe, unsere Spieler machten nur mehr Jagd auf die Spieler der Senators. Dabei hatte Lindy Ruff gar keine Anweisung dazu gegeben. Er wollte nach dem Foul an Drury bloß eine harte Linie bringen, die Ottawa wieder etwas Respekt einflößen sollte. Die Anweisung „Go, get them", wie sie danach in den Medien kolportiert wurde, hat es nie gegeben.

Damit nicht genug. Chris Drury war damals unser unumstrittener Anführer und jeder am Eis wollte sich für das Foul revanchieren. Also skatete sogar unser Goalie, an diesem Abend war es Marty Biron, in die neutrale Zone und traf sich dort mit Senators-Goalie Ray Emery zum Zweikampf. Marty verdiente sich dafür allerhöchsten Respekt. Er wusste, dass er gegen den doppelt so

Unser Coach Lindy Ruff auf seinem „Feldherrnhügel".

schweren Emery keine Chance haben würde, noch dazu, wo eines von Emerys Hobbys Boxen ist. Trotzdem stellte sich Marty der Herausforderung und zog sich achtbar aus der Affäre. Mit Emery hatte ich schon während meiner Zeit in der AHL schlechte Erfahrungen gemacht. Nach einem Tor war er mir sogar noch ein paar Meter nachgefahren, um mir seinen Stock aus lauter Frust in den Rücken zu schlagen.

Ich bekam den ganzen Tumult der Ottawa-Partie von der Bank aus mit. Und doch war ich mittendrin. Denn neben mir begannen sich nun auch die Trainer in die Haare zu kriegen. Ruff und Murray standen auf den Spielerbänken und brüllten sich über die dazwischenliegende, kleine Kommentatorenbox an. Murray beschwerte sich, dass Ruff seine besten Spieler zur Jagd freigegeben hatte, Ruff konterte, dass Neil Drury mit Absicht verletzen wollte. Großartig war ja, dass zwischen den beiden Streithähnen Rob Ray stand und nicht so recht wusste, wie ihm gerade geschah. „Rayzor" war in den 90ern der Enforcer der Sabres und einer der erklärten Fan-Lieblinge. Heute ist er Co-Kommentator fürs Fernsehen und macht seine Analysen während Spielunterbrechungen direkt neben der Eisfläche. Er tat das einzig Richtige und schaltete sein Mikro aus. Was Ruff und Murray da von sich gaben, war nichts für sensible Ohren.

Am Ende gab es rekordverdächtige 136 Strafminuten für beide Teams. Ottawa fasste davon 54 aus, wir bekamen insgesamt 82 aufgebrummt. Den Sieg holten wir uns trotzdem. Während der regulären Spielzeit steuerte ich zwei Treffer zum 5:5 bei, im Penalty-Schießen setzten wir uns schließlich durch. Das Gesprächsthema in der Kabine danach war aber nicht der Sieg oder die Massenschlägerei, sondern das couragierte Auftreten von Marty Biron. Marty war ein toller Mannschaftskollege und Freund. Schade, dass dies sein letztes Spiel für die Sabres war. Er wurde kurz danach nach Philadelphia getradet.

Im Gegensatz zu solchen Raufereien spielen sogenannte „Mätzchen" oder versteckte Fouls im Eishockey keine große Rolle. Die meisten Fouls sind so auffällig, dass sie der Referee gar nicht übersehen kann. Es stehen ja insgesamt vier Unparteiische am Eis, denen kaum etwas entgeht. Dass natürlich nicht jedes Foul gepfiffen wird, ist wieder eine andere Sache. Vieles im Eishockey läuft eben so schnell ab, dass es für die Referees manchmal wirklich schwierig ist, die richtige Entscheidung im Bruchteil einer Sekunde zu fällen.

Stockschläge, Haken und so weiter kann man im Grunde gar nicht versteckt machen. Bei Stockschlägen ist es manchmal sogar doppelt auffällig: dann nämlich, wenn man dem Gegner auf den Stock schlägt und dieser bricht. In so einem Fall kann man eigentlich gleich freiwillig abdrehen und Richtung Strafbank fahren. Was im Eishockey überhaupt nicht gerne gesehen wird – von Spielern, Trainern und Fans –, sind „Schwalbenkönige". Darauf reagieren auch die Schiedsrichter allergisch. Wer sich ständig schon bei der kleinsten Berührung fallen lässt, hat schnell einmal den Ruf als „Diver" und darf sich nicht wundern, wenn Fouls an ihm seltener gepfiffen werden. Kleinere Fouls lassen die Referees

Hier werde ich von Toronto-Verteidiger Hal Gill wenig regelkonform vor dem Tor „weggeräumt“, 9. November 2007.

am ehesten durchgehen, wenn es ein Powerplay gibt. Das bekomme ich wegen meiner Position direkt vor dem Tor dann oft zu spüren. Freilich versuchen die Verteidiger, mich mit allen Mitteln von dort wegzudrängen. Cross-Checks stehen da an der Tagesordnung.

Jugendjahre

45.33: „Christian Ehrhoff doesn't shoot, gets it over, deflects and goes out of play. Deflected by Boyle's stick."

Rick Jeanneret

Mich hält es mittlerweile nicht mehr auf meinem Sitz. Das Spiel ist in einer vorentscheidenden Phase und die Sharks haben noch immer Powerplay und sind am Drücker. Da kommt uns diese Ungenauigkeit der Sharks-Spieler gerade recht. Kaum lässt die Konzentration nach und werden die Pässe weniger präzise, passieren Fehler. So wie jetzt. Der Pass auf Boyle war ungenau und noch dazu zu scharf. Das Resultat: Der Puck springt von Boyles Schläger über die Plexiglasbande ins Publikum.

Natürlich herrscht sofort ein ordentliches Gerangel um das wertvolle Souvenir. Am Jumbotron sehe ich, dass sich ein 15-Jähriger in kompletter Sabres-Montur – Jersey, Kappe und Schaumgummi-Säbel – den Puck schnappen kann. Ich bin mir sicher, dass

Autogrammjäger lauern uns vor der Halle nach dem Training auf.

meine Kollegen ihn nach dem Spiel wiedersehen werden. Fans warten oft in der Tiefgarage neben der Arena noch auf uns, um an ein Autogramm zu kommen. Soweit es möglich ist, erfüllen wir die Wünsche dann auch. Der Bursche wird garantiert ein Autogramm von seinem Lieblingsspieler am Puck haben wollen. Und er wird es auch erhalten.

Die Begeisterung im Gesicht des Jungen freut mich. In seinem Alter spielte ich in Sioux Falls, meiner wohl wichtigsten Station im Nachwuchshockey. Ich landete dort nach einem kurzen und missglückten Gastspiel in Rochester, Jahre bevor ich in der AHL wieder in Rochester spielen würde.

Mein Agent verschaffte mir den Platz beim neu gegründeten High-School-Team der Sioux Falls Stampede. Die Stadt liegt „in the middle of nowhere", wie es im Englischen so schön heißt. Sioux Falls ist die größte Stadt im Bundesstaat South Dakota, zählt aber gerade mal circa 130.000 Einwohner. Die nächste größere Stadt ist Minneapolis im nordöstlich angrenzenden Bundesstaat Minnesota. Mit dem Auto braucht man etwa vier Stunden dorthin. Damals ahnte ich noch nicht, dass ich drei Jahre später genau dort zu einer der renommiertesten College-Mannschaften der USA kommen würde.

Für meine weitere Entwicklung waren die Abgeschiedenheit und das familiäre Ambiente perfekt. Am allerwichtigsten war, dass ich mit Bob Motzko einen Trainer hatte, der mich ähnlich förderte, wie es früher mein Vater getan hatte. Bob hatte und hat nach wie vor einfach ein „G'spür" für junge Spieler und kann das Maximum aus ihnen herausholen. Das merkten die Bewohner von Sioux Falls sehr schnell. Wie gesagt, Hockey war für diese Stadt neu, das Team wurde praktisch frisch aus dem Boden gestampft. Dahinter steckte aber ein wohldurchdachter Masterplan. Für jede Position wurden nur die besten Leute verpflichtet: vom Trainer angefangen bis hin zur Auswahl der Gastfamilien. Wie schon in Lacombe, hatte ich auch in Sioux Falls großes Glück, eine perfekte Gastfamilie zu finden. Die Bednars nahmen

Ashley und ich sind noch immer große Fans meines früheren College-Teams, den Minnesota Golden Gophers.

mich wie einen Sohn auf, meine Eltern und ich sind ihnen bis heute noch eng verbunden.

In den drei Jahren, die ich dort verbrachte, hatte ich viele Hochs, allerdings auch einige Tiefs. Im dritten und letzten Jahr an der High School brach ich alle, noch jungen, Clubrekorde: 46 Tore und 45 Assists in 53 Saisonspielen waren letztlich auch genug, um die Manager der Golden Gophers endgültig zu überzeugen, es einmal mit einem Europäer zu versuchen.

Ein Teil meines Herzens hängt bis heute an den Stampede, deshalb würde ich dort auch gerne als Teilhaber einsteigen. Das hat bis heute aber noch nicht funktioniert. Wer weiß? Vielleicht klappt es ja in den nächsten Jahren einmal. Bis es so weit ist, versuche ich, dem Team Erfolg versprechende junge Österreicher zu vermitteln.

Bei Andi Nödl hat das zum Beispiel gut funktioniert. Der Wiener kam aus dem Nachwuchs des WEV und ich verschaffte ihm ein Try-Out in Sioux Falls. Der Bursche schlug nach einer kurzen Eingewöhnungsphase, die jeder Europäer beim Sprung über den Großen Teich einfach braucht, voll ein und orientierte sich an meinem Weg. Bob Motzko, mittlerweile Head Coach am College von St. Cloud, ebenfalls in Minnesota, holte Nödl und wurde auch von seinem zweiten Österreicher nicht enttäuscht. Inzwischen spielt Andi bei den Philadelphia Flyers. Ich hoffe, dass noch mehr junge Österreicher meinem Weg folgen und sich hier versuchen.

Nach meiner Zeit an der High School in Sioux Falls wurde mir von drei Colleges ein Stipendium angeboten: Michigan, Wisconsin und Minnesota. Auf Einladung stattete ich allen drei Universitäten im Frühjahr 2002 für jeweils zwei Tage einen Besuch ab. Da mir das Stipendium in erster Linie aufgrund meiner bisherigen sportlichen Leistungen angeboten worden war, sollte ich in diesen 48 Stunden zunächst immer das gesamte Trainerteam kennenlernen. In Wisconsin traf ich meinen Freund Bernd Brückler, der dort bereits für die Badgers das Tor hütete. Am Ende entschied ich mich jedoch für das College in Minnesota und dessen Team, die Golden Gophers. Der wohl ausschlaggebende Grund meiner Entscheidung war, dass mit Bob Motzko der wichtigste Trainer meiner High-School-Jahre in Sioux Falls nun Assistant Coach bei den Gophers war und Vertrauen in mich als Person und in meine Fähigkeiten am Eis hatte. Ich hatte das Gefühl, zu wissen, worauf ich mich einlasse.

Was mir im ersten Moment nicht bewusst war: Die Gophers bestanden nur aus Spielern aus Minnesota, ich würde der allererste „Euro-Gopher" sein. Don Lucia, der Cheftrainer der Gophers, wies mich fairerweise gleich bei meinem ersten Besuch darauf hin, dass die Fans in Minneapolis/St. Paul deshalb extrem hohe Erwartungen an mich haben würden. Schließlich wurde wegen mir mit einer jahrzehntealten Tradition gebrochen: „Thomas, als erster Europäer wirst du es hier sehr schwer haben. Die Fans wollen hier nur Spieler aus Minnesota", sagte Don damals zu mir. Ich zuckte lediglich mit den Schultern. „Coach, ich weiß, dass ich meine Leistung bringen kann. Dann werden auch die Fans kein Problem mit mir haben", antwortete ich ihm. Dem Trainer gefiel meine Einstellung. Er versprach mir, dass ich die Chance erhalten würde, der beste Spieler zu werden, der ich sein kann.

Bereits im August übersiedelte ich von Sioux Falls nach Minnesota, um meine zukünftigen Teamkameraden so früh wie möglich kennenzulernen. Eine goldrichtige Entscheidung! Ich wurde von den anderen Spielern gut aufgenommen und praktisch vom ersten Training an stimmte die Chemie im Team. Vonseiten der Spieler gab es nie irgendwelche Vorurteile und auch die Fans verhielten sich mir gegenüber bei Weitem nicht so ablehnend, wie ich nach den ersten Gesprächen mit den Verantwortlichen der Gophers befürchten musste. Sicher half mir, dass ich meine Qualitäten gleich von Beginn an unter Beweis stellen konnte. 31 Tore und 31 Assists in 45 Saisonspielen waren ein sehr gutes Argument, mich als echten Gopher zu akzeptieren. Mittlerweile ist Minneapolis meine zweite Heimat geworden. Abgesehen von zwei, drei Wochen in Graz, verbringen meine Familie und ich den ganzen Sommer in Minneapolis. Nach meiner Karriere werde ich mich dort niederlassen, das Haus sollte im Sommer fertig werden.

Hier spiele ich im Dress der Minnesota Golden Gophers gegen das Team von St. Cloud im Jänner 2003.

College-Sport ist in den USA eine richtig große Sache. Im eishockeyverrückten Minnesota ist es daher kein Wunder, dass bei Heimspielen unsere Mariucci Arena mit 10.000 Fans immer bis zum letzten Platz gefüllt war. Noch verrückter geht es schon am College in den Playoffs zu. In unserem Fall wurde die NHL-Halle der Minnesota Wild zur Playoff-Bühne. Das Xcel Energy Center war mit 19.000 Fans bei jedem unserer Heimspiele ebenfalls randvoll.

Die Gophers hatten im Jahr, bevor ich zum Team stieß, bereits die College-Meisterschaft gewonnen. Eine Wiederholung des Titelgewinns war zuletzt der Boston University in der Saison 1971/72 gelungen – rein statistisch standen unsere Chancen also nicht besonders gut. Nach unserem souveränen Auftreten über den gesamten Grunddurchgang hinweg war unseren Fans und uns klar, dass wir stark genug waren, die Meisterschaft auch in diesem Jahr zu holen und damit ein kleines Kapitel Hockeygeschichte zu schreiben. In den Playoffs hatten wir kaum Probleme. Nur einmal mussten wir zittern. Die Lokalrivalen vom Minnesota State College konnten wir erst in der Overtime mit 3:2 in die Knie zwingen. Gegen Michigan Tech und Colorado College feierten wir klare Siege. Jetzt trennte uns noch ein letztes „NCAA Playoffs"-Turnier vom „Frozen Four", dem Finalturnier der vier besten College-Mannschaften der USA. Dabei bekamen wir es in unserer eigenen Mariucci Arena mit Mercyhurst und Ferris State zu tun. Gegen beide Teams konnten wir richtige Schützenfeste feiern und waren somit nur mehr einen Schritt von der erfolgreichen Titelverteidigung entfernt.

Zufall oder Schicksal: Das Finalturnier fand im April 2003 in der HSBC Arena von Buffalo statt. Im ersten Spiel trafen wir auf Michigan. Dieses Match war ein echter Thriller. Beim Stand von 2:2 ging es in die Verlängerung. Jedenfalls sollte es mir an diesem Tag vergönnt sein, den Siegestreffer, das sogenannte „game-winning goal", zu erzielen. Ich hatte mir den Puck hinter dem Tor erkämpft und zog aus der Drehung ab. Der Goalie hatte offen-

Mein Jubel nach dem entscheidenden Overtime-Tor gegen Michigan im Halbfinale des Frozen Four 2003.

bar nicht mit einem Schuss gerechnet. Der Winkel zum Tor war eigentlich zu spitz, um die Scheibe darin unterzubringen. Trotzdem zappelte sie im Netz und wir standen im Finale.

Unser Finalgegner war New Hampshire. Mitte des Schlussdrittels stand es 1:1, als ich mit dem Puck am Stock vom linken Flügel quer über das Eis in die Richtung des rechten Bully-Kreises skatete. Ich verzögerte den Schuss so lange, bis der Tormann den Fehler machte, zu früh zu Boden zu gehen. So konnte ich fast lässig ins leere Tor einschießen. 2:1 – nun waren wir auf der Siegerstraße! New Hampshire musste jetzt alles nach vorne werfen und lief uns noch in drei tödliche Konter. Am Ende lagen wir uns nach einem 5:1 in den Armen und hatten tatsächlich das geschafft, was vor der Saison kaum jemand für möglich gehalten hatte – die Titelverteidigung! Zum Drüberstreuen wurde ich zum wertvollsten Spieler und ins All-Star-Team des Turniers gewählt. Und das alles vor den Augen von Sabres-Coach Lindy Ruff und General Manager Darcy Regier. Ein paar Wochen später, im Juni 2003, sollten mich die Buffalo Sabres in der ersten Runde des NHL Entry-Drafts in ihre Mannschaft holen.

Ich bin der festen Überzeugung, dass es gerade für junge Europäer meist der bessere Weg ist, über die High School und das College zu gehen, als sich in den kanadischen Junior-Ligen aufzureiben. Mit dem Villacher Michi Grabner hat es zwar auch schon ein Österreicher so in ein NHL-Team geschafft, aber viel mehr Nachwuchstalente sind dort gescheitert. Warum? Wahrscheinlich, weil dort der Erfolgsdruck viel größer ist und man kaum Zeit hat, sich an die neue Umgebung zu gewöhnen. „Mein Weg" lässt einem Nachwuchstalent mehr Zeit, sich zu entwickeln, zu wachsen – sowohl geistig als auch körperlich. Man darf es eben nicht zu eilig haben. Geht man den Weg über Kanada, kann man unter Umständen schon mit 18 oder 19 NHL-Luft schnuppern. Nimmt man die College-Route, ist man vielleicht schon 21 oder 22, bis man von einem NHL-Club gedraftet wird.

Für mich war die Entscheidung, die University of Minnesota zu besuchen, sicher die beste. Ich habe nicht nur mein Hockey gewaltig verbessert, sondern auch meinen ersten großen Titel gewonnen. Außerdem lernte ich am College meine Frau Ashley kennen. Die Hälfte meines „Business Management"-Studiums habe ich fertig. Nächsten Jänner möchte ich das Studium wieder aufnehmen. Ich habe mir zum Ziel gesetzt, die zweite Hälfte des Studiums noch vor dem Ende meiner Karriere zu schaffen. Ein fertiges Studium wäre mir wichtig. Zum Glück kann man meine Kurse inzwischen auch über ein Fernstudium via Internet machen. Das hilft bei meinem gedrängten Zeitplan natürlich sehr.

Heimvorteil

46.09: „All tied up now here in the third.“

Rick Jeanneret

Jetzt ist es passiert. Nach sechs Minuten im Schlussdrittel glückt den Sharks im Powerplay der Ausgleich. 4:4. In der Halle ist es still, unseren Fans steht die Fassungslosigkeit ins Gesicht geschrieben. In die unmittelbare Enttäuschung mischen sich Pfiffe sowie die überraschten Jubelgesten einzelner Sharks-Anhänger. Lindy Ruff schüttelt seinen Kopf. In den letzten Minuten hat uns San Jose eingeschnürt. Es ist unseren Spielern kaum gelungen, sich aus dem eigenen Verteidigungsdrittel zu befreien. Beim Tor durch Setoguchi war auch noch Pech im Spiel. Andrej Sekera hat bei einem Zweikampf hinter unserem Tor seinen Stock verloren und so war es für seinen Gegenspieler einfach, ihm den Puck zu stehlen. Was folgte, war ein präziser Pass auf die linke Seite, von wo Setoguchi aus sechs Meter Entfernung mit einem One-Timer abgezogen und unseren Goalie Ryan Miller durch diesen scharfen Schuss in die kurze Ecke bezwungen hat. Für den Schützen ist es eine große Genugtuung, wenn es nach einem Tor in der Halle des Gegners mucksmäuschenstill ist. Ich kenne dieses Gefühl auch und mag es. Es ist sehr reizvoll, die aufgeheizte Atmosphäre in einer fremden Halle selbst mit einem Tor zu zerstören. Die Sekunden, wenn die Fans des anderen Teams plötzlich verstummen und man nur die Jubelrufe des eigenen Teams hört, sind fantastisch.

Wir aber brauchen gerade jetzt die Unterstützung unserer Fans. Es ist eine Phase im Spiel, in der man den Kopf auf keinen Fall hängen lassen darf. Auch wenn die Enttäuschung in diesem

Die Fans in Buffalo haben mich längst ins Herz geschlossen.

Moment deutlich spürbar ist, muss man den Blick sofort wieder nach vorne richten. Und da hilft es freilich, wenn auch die Fans die Enttäuschung möglichst schnell wegstecken und uns wieder lautstark und von Herzen anfeuern. Wenn es in der Halle laut ist, gibt das immer einen zusätzlichen Schub an Motivation.

Würde man rein den Lautstärkenpegel der Fans während eines Spieles messen, würde man sehen, dass es in Europa lauter zugeht und sich die Gesänge der Anhänger über längere Perioden erstrecken. Das mag auch daran liegen, dass Eishockey hier in den USA eher ein Erlebnis für die ganze Familie ist. Es gibt keine organisierten Fan-Clubs, wie man sie beispielsweise aus dem europäischen Fußball kennt und die ihre Gesänge die gesamte Spieldauer über anstimmen. Wie von selbst hebt sich die Lautstärke in den NHL-Hallen mit dem Beginn der Playoff-Serien. Es entlädt sich hörbar die Spannung, die Fans und Mannschaft während der 82 Spiele im Grunddurchgang aufgebaut haben. Ich kann mich noch genau an mein erstes Playoff-Spiel erinnern. Das war im April 2006 und wir mussten bei den Philadelphia Flyers antreten. Die Fans trugen alle weiße T-Shirts, schwenkten weiße Handtücher und machten einen Lärm, dass ich befürchtete, das Hallendach würde jeden Moment auf uns runterkommen.

Als Spieler redet man sich vor einem Auswärtsspiel immer ein, dass der Heimvorteil nicht so wichtig ist, aber das ist so ja nicht richtig. Außergewöhnlich ist die Atmosphäre in Montreal bei den Canadiens. Im französischsprachigen Teil Kanadas ist der europäische Einfluss noch größer, sodass auch bei jedem Spiel im Grunddurchgang eine großartige Stimmung herrscht. Wenn 22.000 Menschen minutenlang „Olé, olé" singen und die „Welle" durch die Halle geht, verursacht das bei mir Gänsehaut und erinnert mich an die Stimmung in einem englischen Fußballstadion. Vielen Fans in Amerika ist das ein wenig suspekt. Sie sind es gewöhnt, sich den Großteil des Spiels in aller Ruhe – und vor allem sitzend – anzuschauen. Die Dramaturgie bei einem typischen Eishockeyspiel sieht bei uns etwa so aus: Während der Vorstellung des Heimteams herrscht eine riesige Stimmung, es wird laut geklatscht und gejohlt. Laute Musik und spektakuläre Lichteffekte unterstreichen die Begeisterung der Fans noch. Sobald der erste Puck fällt, setzen sich die Leute hin und machen es sich gemütlich. Laut wird es erst wieder, wenn entweder ein Tor fällt, ein Riesen-Check das Plexiglas zum Wackeln bringt oder es zu einer Schlägerei kommt. Die vielen Unterbrechungen für Fernsehwerbung sind der Stimmung in der Halle natürlich nicht gerade zuträglich.

Dennoch kann der Heimvorteil gerade bei Spielen, die wie heute an der Kippe stehen, den Unterschied zwischen Sieg und Niederlage ausmachen. Um das Publikum zu animieren, mischt sich unser Maskottchen – Sabretooth – mit einer Trommel unter das Publikum. „Make some noise!", werden die Fans über den Jumbotron aufgefordert.

In Buffalo haben wir bei fast jedem Heimspiel eine ausverkaufte Halle und in den entscheidenden Phasen machen die Fans einen Riesen-Krach – vor allem jene in der ersten Reihe. Sie stehen und trommeln mit ihren Fäusten gegen die Plexiglasscheibe. Das kann so weit gehen, dass die Scheibe rund um den Rink zu schwingen beginnt. Ein bisschen kommt man sich da vor wie ein Gladiator in einer antiken Arena. Diese Stimmung ist schwer zu beschreiben, das muss man selbst erleben. Das Schöne daran ist, dass immer alles absolut friedlich abläuft. Es gibt kaum Hooligans oder Randalierer. Das mag auch mit den Preisen zu tun haben, die im Vergleich zu einem Fußballmatch in Europa ganz schön gesalzen sind.

Auch ich würde jetzt gerne einige aufmunternde Worte hinunter aufs Eis rufen, die Drähte in meinem Mund hindern mich aber daran und hören könnte mich sowieso niemand. Ich klatsche in die Hände, um zumindest ein bisschen das Gefühl zu haben, die Mannschaft in dieser brenzligen Situation zu unterstützen.

Auszeit

47.41: „Murray – a shot from the blue line and Miller will hang on. 12 minutes to go here in the third."

Rick Jeanneret

Die Sharks haben Blut geleckt. Klar, sie haben vor eineinhalb Minuten den Ausgleich erzielt, nachdem sie in diesem Spiel schon zwei Mal mit jeweils drei Toren zurückgelegen waren. Die Angriffe laufen wie am Schnürchen und das Momentum hat sich auf die Seite der Haie geschlagen. Bei dem Druck, den San Jose derzeit ausübt, kommt die kurze Fernsehpause nach dem gehaltenen Schuss von Miller gerade recht, uns zu sammeln, neue Konzentration und Energie für die zweite Hälfte des Schlussdrittels aufzubauen.

Die Saison dauert jetzt schon fast viereinhalb Monate. Es ist unser 56. Spiel – im Schnitt bestreiten wir beinahe jeden zweiten Tag eine Partie, da gehen auch den konditionsstärksten Spielern die Reserven aus. Vor allem, wenn es so ein harter Kampf wie heute ist. Eine so lange Saison verlangt von den Spielern auch jede Menge Selbstbeherrschung und Eigenverantwortung. Richtige Ernährung, viel trinken und an spielfreien Tagen regenerieren sind Dinge, auf die man ständig achten muss. Allzu anstrengende Freizeitaktivitäten sind das Gegenteil von empfehlenswert.

Der dicht gedrängte Spielplan ist Teil der National Hockey League. Da gibt es trotz aller Müdigkeit kein Raunzen, dass man schon wieder ein Match hat. Natürlich wird vom Trainerteam auf diese außergewöhnliche Belastung Rücksicht genommen und die Trainingsintensität zurückgeschraubt. Dafür braucht es, wie bei allen Entscheidungen einer Führungsebene, viel Fingerspitzengefühl. Während einer Saison werden die Trainingseinheiten weniger, je näher Weihnachten rückt. Das hat nichts mit einem Geschenk des Vereins zu tun, sondern ist der einzige Weg, zu Beginn des neuen Jahres keinen konditionellen Schiffbruch zu erleiden. Bei einem körperbetonten Spiel wie Eishockey steigt die Anzahl der kleinen und großen Blessuren, die Regenerationszeiten werden länger. Eigentlich sehnt sich der Körper nach einem ausgedehnten Urlaub. Da ist es wichtig, im Geist umso stärker zu sein: Überwinden, durchbeißen, weitermachen. Man muss sich immer bewusst sein, dass eine NHL-Saison kein Sprint, sondern ein Marathon ist. Auch dort gibt es Momente, in denen man das weitläufige Denken ausblendet und nur mehr einen Schritt nach dem anderen macht, auch wenn's schon wehtut.

In diesen körperlich anstrengenden Phasen einer Spielzeit verkommt die Forderung „von Spiel zu Spiel denken“ zur hohlen Phrase. Alle Energien werden für wesentlich kürzere Intervalle gebündelt. Im Eishockey sagen wir: „Man denkt nur mehr von Wechsel zu Wechsel.“ Auf diese besonderen Umstände Rücksicht zu nehmen, ist Aufgabe unseres Trainerteams: Statt zwei Stunden am Eis und einer Stunde in der Kraftkammer, wie es zu Saisonbeginn üblich ist, werden die Einheiten auf 40 Minuten Eistraining gekürzt. Diese 40 Minuten werden dafür im vollen Tempo absolviert. Danach versuchen die meisten Spieler, Abstand von der Halle und den Kopf wieder frei zu bekommen.

Unser härtester Monat ist der Jänner. In den letzten Jahren hatten wir im ersten Monat des Jahres immer die längsten Serien an Auswärtsspielen. Es ist nahezu üblich, dass wir im Jänner zwei Wochen am Stück unterwegs sind und dabei sieben oder acht Spiele absolvieren müssen. Jeden zweiten Tag in einer anderen Stadt, Leben nur aus dem Koffer und keine Chance, daheim bei der eigenen Familie abzuschalten. Die einzige Möglichkeit, meine Frau und meinen Sohn während dieser Zeit zu sehen, ist über Skype. Webcams sind ein Segen, ohne Zweifel. Selbstverständlich

Ashley und Blake Thomas.

kein Ersatz dafür, Ashley und Blake nach dem Heimkommen in den Arm zu nehmen, aber es hilft ein wenig über die lange Abwesenheit hinweg. Wenn Blake in die Kamera winkt, sich freut und laut „Daddy!" schreit, fliegt mich schon einmal das Gefühl des Heimwehs an, gleichzeitig aber lacht mein Herz und ich bekomme durch die sichtbare Freude meines Sohnes neue Energie.

Mein Tagesablauf bei diesen „road trips" ist streng geordnet und wenig spektakulär: am Vormittag Training, dann sofort zurück ins Hotel, ein bisschen massieren lassen, Mittagessen und ab aufs Zimmer – ausruhen, relaxen. Dann ein frühes Abendessen und ebenso früh ab in die Federn, um am nächsten Tag fit zu sein. Die freie Zeit zwischendurch vertreibe ich mir mit DVDs, die ich mir auf meinem Laptop anschaue – ich stehe besonders auf „Lost" und „Prison Break" –, oder mit Videospielen gegen meine Teamkollegen.

Eiserne Disziplin ist in diesen Phasen oberstes Gebot. Man darf nicht vergessen, dass wir ständig zwischen vier Zeitzonen hin- und herpendeln. In ganz Europa gibt es nur drei Zeitzonen. Dazu kommt der dicht gedrängte Spielplan: zwei Spiele hintereinander oder drei Spiele innerhalb von vier Tagen sind keine Seltenheit.

In diesen Tagen und Wochen geht es im Team unweigerlich zu wie in einer Familie. Mit allen Vor- und Nachteilen. Da wir bei Auswärtsreisen immer Doppelzimmer beziehen, gibt es auch wenig Raum für Privatsphäre. Mit Freund und Zimmerkollege Kotalik zocke ich meist auf der Playstation. Nein, wir spielen nicht auch noch auf der Konsole Eishockey, sondern Fußball oder Tennis. Ich bin ein begeisterter Fußballer. Mein persönlicher Favorit ist die jeweils neueste Ausgabe der „FIFA“-Reihe. Bei dem Spiel bin ich auch ganz gut, aber gegen Aleš habe ich kaum eine Chance. Er hat auch mehr Zeit zum Üben, schließlich hat er daheim weder Frau noch Freundin oder Kind.

Ich spiele immer mit Sturm Graz. Diese Verbindung wird stets bleiben, wohl auch, weil die Mannschaft während meiner Grazer Jahre dank Trainer Ivica Osim zum Höhenflug ansetzte und sich 1998, dem Jahr meines persönlichen Sprunges nach Nordamerika, erstmals für die Gruppenphase der Champions League qualifizieren konnte. Größen wie Real Madrid oder Inter Mailand waren in diesem Jahr zu Gast in Graz. Meine Herausforderung auf der Spielkonsole bestand immer darin, mit Sturm die Champions League zu gewinnen. Machbar ist es, so viel kann ich aus eigener Erfahrung sagen. Wie im „echten“ Sport ist mir auch in

Chillen auf der Couch mit Baby Blake und unserem Hund „Diesel“.

der virtuellen Welt wichtig, die Grenzen auszuloten. Egal, was ich spiele, ich messe mich stets auf der höchsten Schwierigkeitsstufe. Nur so ist es möglich, die eigenen Fähigkeiten weiter zu verbessern. Dieser Wunsch, besser zu werden und immer wieder eigene Grenzen zu überwinden, sitzt wohl tief in mir drin.

Während einer NHL-Saison entsteht ein natürlicher Rhythmus aus Spannung und Entspannung. Sich Raum und Zeit für Regeneration zu nehmen, ist ebenso wichtig wie hartes Training und konzentriertes Spiel. Ruhe, Erholung und Entspannung finde ich vor allem bei meiner Familie. Ein ausgedehnter Spaziergang mit Ashley und Blake daheim in Clarence ist das, was ich nach einem anstrengenden Spieltag so richtig genießen kann. Die Gegend um unser Haus ist sehr ruhig, wenige Autos, ausgedehnte Felder, einfach perfekt für gemeinsame Unternehmungen. Dann verfliegen die Gedanken an ein verlorenes Match oder vergebene Chancen und ich fasse neue Energie und Zuversicht.

Während der mindestens siebenmonatigen Spielzeit bleibt mir ohnehin kaum Zeit, irgendwelchen Hobbys nachzugehen. Auch während der NHL-freien Monate bin ich keiner, der besonders ausgefallene Freizeitbeschäftigungen hat. Am liebsten sind mir klassische Ausgleichssportarten wie Tennis oder Golf. Vor allem Golf ist für Eishockeyspieler ein toller Sport, den man relativ schnell erlernen kann, weil die Schlagbewegungen der beiden Sportarten einander sehr ähneln. Man ist mit Freunden zusammen, es wird geblödelt und gelacht. Trotzdem ist es ein guter Wettkampf, bei dem für mich der Spaßfaktor jedoch im Vordergrund steht.

Eine Beschäftigung, von der ich schon seit Kindesbeinen an fasziniert bin, ist das Fischen oder besser gesagt Angeln. Bereits während meiner frühen Jahre in Zell am See hat mich mein Vater an die Ufer von Teichen, Flüssen und Bächen mitgenommen und ich habe diese stille Jagd stets als Herausforderung und Ruhepol zugleich empfunden. Das Lauern auf die Beute übt eine eigene Magie auf mich aus. Das ist im Eishockey nicht anders.

Hier in Buffalo besitzt ein Freund von mir ein Boot und wann immer wir Zeit finden, fahren wir zum Angeln auf den nahe gelegenen St. Croix River. Viel öfter komme ich im Sommer in Minnesota zum Angeln. Rund um die „Twin Cities“ Minneapolis und St. Paul gibt es Dutzende kleiner Seen. Gemeinsam mit meinen Freunden vom College wird im Sommer viel geangelt. Einerseits kann man dabei gut ausspannen, sich in Gedanken verlieren. Andererseits ist es eine perfekte Möglichkeit, mit seinen Freunden über alles zu reden, was im letzten Jahr in Buffalo so passiert ist. Mein bisher größtes gefangenes Exemplar war ein Hecht von 36 Zoll Länge, umgerechnet also 91 Zentimeter. Immerhin. Der größte Hecht, den ich kenne, heißt Jochen, ist 185 Zentimeter groß und spielt bei uns im Team.

Torjäger

50.14: „It's kept in by San Jose, another shot – they score! Pavelski rips it in off the post and San Jose has the lead for the first time tonight!"

Rick Jeanneret

So, jetzt ist es also tatsächlich passiert. Zum ersten Mal an diesem Abend führt das Team von San Jose. Nicht einmal zehn Minuten vor Schluss ist das ein brutaler Tiefschlag für unsere Mannschaft. Eine gesunde Portion Glück war beim Treffer von Joe Pawelski auch dabei. Den ersten Schussversuch hat er zwar total verhaut, dann den Puck aber nochmals unter Kontrolle bekommen. Er hat die Scheibe unserem Rookie in der Verteidigung, Chris Butler, zwischen den Beinen durchgeschoben und dann schnell abgezogen. Ich glaube, dass er unseren Goalie aus diesem spitzen Winkel etwas überrascht hat, normalerweise lässt Miller solche Schüsse nicht rein. Aber egal, Pawelski hat sich den Treffer verdient. Er war schon den ganzen Abend einer der auffälligsten Spieler und in dieser Situation hat er einfach mit mehr Biss um den Puck gekämpft als unsere Verteidiger.

Mit jeder Sekunde, die jetzt vergeht, werde ich nervöser. Leider habe ich keine Möglichkeit, diese Spannungen abzubauen. Wie gerne würde ich jetzt ein Tor für mein Team erzielen. Bis zu diesem unglücklichen Moment vor sechs Tagen in Ottawa, als mich die Scheibe im Gesicht getroffen hat, ist diese Saison für mich bisher nach Wunsch verlaufen und ich habe in meiner Eigenschaft als Torjäger wichtige Treffer beisteuern können.

„Mister Vanek?" Ein kleiner Junge hat die Spielunterbrechung genutzt und sich zu meinem Platz durchgeschummelt.

„Würden Sie mein Jersey signieren?" Der Kleine hält mir einen schwarzen Stift entgegen. Er trägt unser weißes Auswärts-Jersey mit meinem Namen und der Nummer 26. Ich versuche, ihn anzulächeln, aber das geht mit dem zugenähten Kiefer nur bedingt. Mehr als ein wenig die Mundwinkel anheben, ist nicht drin. Ich nehme den Stift und signiere quer über den gelben Büffel auf der Vorderseite meiner Arbeitsbekleidung. „Thank you very much!", bedankt sich der Junge höflich, dreht sich um und verschwindet im Gewühl der Menschen hinter unseren Plätzen.

Diese Begegnung erinnert mich an meine eigene Kindheit. Was hätte ich dafür gegeben, ein Autogramm von Wayne Gretzky zu bekommen? An eine USA-Reise war damals aber aus finanziellen Gründen nicht zu denken. Das war mir als Kind klar. Statt meine Eltern deswegen zu sekkieren, habe ich mich voll ins Eishockeytraining gekniet. Mit circa fünf Jahren habe ich im Verein von Zell am See begonnen, Eishockey zu spielen. Davor war ich mit meinem Vater bloß Eislaufen. Ohne Druck, ohne Schläger, ohne Puck. Der zugefrorene Zeller See bot im Winter dafür eine

Beim Eislauftraining am zugefrorenen Zeller See.

malerische Umgebung. Was so spielerisch war, hatte einen ganz einfachen Zweck: Ich lernte eine gute Schlittschuh-Technik.

Kaum aber hatte ich einen Schläger in der Hand, wollte ich nur noch in die Eishalle und mich mit Eishockey beschäftigen. Jede freie Minute habe ich dort verbracht. Wenn ich nicht spielen oder trainieren durfte, war ich trotzdem in der Halle, bin nur durch die Kabinen gestapft und habe den „Duft“ der Eishockeywelt geatmet. Ich habe immer Eishockey gespielt, selbst daheim im Wohnzimmer oder auf der Straße. Ich habe diesen Sport einfach vom ersten Moment an über alles geliebt.

Mit sieben oder acht Jahren hatte ich mit Zell den größten Erfolg meiner Zeit in Österreich. Völlig überraschend konnten wir in unserer Altersklasse die österreichische Meisterschaft gewinnen. Das kam deshalb so unerwartet, weil Zell nur ein kleiner Verein war und wir normalerweise gegen die „Großen“ wie VSV und KAC keine Chance hatten. In diesem Jahr aber passte einfach alles und wir konnten die Favoriten schlagen. Bei den „Zwergerln“ läuft Hockey freilich noch ein bisschen anders ab als bei

1996 beim Sommertraining.

den Großen. Jede Linie eines Teams wird mit farbigen Armbinden markiert, nach jeweils 90 Sekunden heult die Sirene und das Spiel wird unterbrochen, egal, was gerade am Eis passiert. Für die nächsten 90 Sekunden kommt eine neue Linie aufs Eis. So wird gewährleistet, dass alle Kinder möglichst gleich viel Eiszeit bekommen. Analog zu den Großen ist: Bereits als Kind spielt man auf einer fix vorgegebenen Position.

Tore schießen ist für mich Beruf und Berufung. Als Kind ist mir eigentlich gar nicht aufgefallen, dass ich regelmäßig öfter ins Tor treffe als viele der anderen Spieler. Das wurde mir erstmals mit 14 in Kanada bewusst. Beim Team der Lacoka Wolves, meiner ersten Station in Übersee, gab es verschiedene Powerplay-Linien. Der Trainer ließ mich immer in der ersten Powerplay-Linie spielen – eine große Auszeichnung und für jeden Spieler ein Beweis, dass man den von Trainern und Fans so hoch geschätzten Torriecher besitzt. Mit einem Mann mehr am Eis ist die Chance auf einen Torerfolg selbstredend ungleich höher und jeder Spieler möchte im Powerplay spielen. Mir hat es immer schon Spaß gemacht, Tore zu schießen. Das war als Kind so und hat sich bis heute nicht geändert.

Freilich liegen die Vorzüge bei jedem Kind anders. Während mir der Torerfolg Berge gab, hatten andere Kinder viel mehr Spaß, Checks auszuteilen oder als Tormann den Erfolg der gegnerischen Stürmer zu vereiteln. Mein Vater hat als Nachwuchscoach in Zell jedem Kind die Chance gegeben, die für ihn beste und spannendste Aufgabe herauszufinden. Jeder durfte sich auf den verschiedenen Positionen – Stürmer, Verteidiger oder Tormann – probieren – wo er am meisten Spaß hatte, dort blieb er dann auch. Bei mir war das eigentlich von Beginn an der Platz am linken Flügel, obwohl ich Rechtshänder bin.

Ich habe erst unlängst mit meinen Eltern über diese Zeller Zeit gesprochen und sie haben mir erzählt, dass ich als Kind sehr wohl auch unter großem Druck gestanden bin. Wenn wir einmal als Verlierer vom Eis gegangen sind, haben andere Eltern manchmal den Grund der Niederlage darin entdeckt, dass ich nicht

Bei einem Kinderturnier.

genug Tore fürs Team erzielt hätte. Na ja, ich kann mich daran nicht erinnern. Innerhalb des Teams gab es von den anderen Kindern eigentlich nie Vorwürfe. Wahrscheinlich wollten meine Eltern diese unsinnige Kritik einfach nur von mir fernhalten. Zu mir persönlich sind jedenfalls nie Eltern von anderen Spielern gekommen, um mir Vorwürfe zu machen.

Zu dieser Zeit gab es bereits eine Verbindung zu den Buffalo Sabres – auch wenn das damals noch keinem von uns bewusst war. Ein gewisser Jim Corsi, heute unser Tormanntrainer hier in Buffalo, war Anfang der 90er-Jahre des letzten Jahrhunderts für einige Monate Trainer und Manager bei Zell am See. Corsi hatte in seiner aktiven Zeit bei den Edmonton Oilers mit Wayne Gretzky gespielt. Als Italo-Kanadier war er in den 80er-Jahren auch im Tor des italienischen Nationalteams gestanden. Ich habe mit seinen beiden Söhnen in einem unserer Nachwuchsteams gespielt. Ich hatte lange nicht über die Jahre in Zell nachgedacht, aber als Jim mir zu Beginn dieser Saison eine DVD in die Hand gedrückt und mit einem Augenzwinkern gesagt hat, ich solle mir diese daheim in Ruhe anschauen, sind die Erinnerungen mit einem Schlag zurückgekommen. Das Video zeigt eines der Matches, die ich mit einem der Corsi-Söhne bestritten habe. „Vanek zu Corsi, Corsi wieder zu Vanek und der trifft", hat unser Goalie-Coach vor fast 20 Jahren in das Mikrofon seiner Video-

Unser Tormann-Trainer Jim Corsi.

kamera geschrien. Am Ende des Bandes sagt Corsi zu seiner Frau etwas, das mich sehr geehrt und gefreut hat, als ich zu Hause vor dem Fernseher gesessen und in der Vergangenheit versunken bin: „Dieser Vanek ist richtig gut. Er ist jünger als alle anderen, aber er ist wirklich, wirklich gut!"

Warum es Jim damals ausgerechnet nach Zell verschlagen hat, weiß ich bis heute nicht. Jedenfalls war es eines dieser „Aha-Erlebnisse", als bei einem ersten Training für die Sabres plötzlich Corsi am Eis gestanden ist und unsere Goalies dirigiert hat. Jim hat sich zunächst nicht an mich erinnern können. Klar, das letzte Mal hatte er mich als Kind gesehen. Als kurz darauf meine Eltern zu Besuch nach Buffalo gekommen sind, habe ich zu Jim gesagt, dass sich mein Vater gerne mit ihm treffen würde.

Im Augenblick des Wiedersehens sind Jim die sprichwörtlichen Schuppen von den Augen gefallen. Nach einigen Minuten war es so, als hätten sich die beiden nie aus den Augen verloren. Da wurden alte Geschichten und Anekdoten ausgetauscht und seitdem halten Jim und mein Vater regelmäßigen Kontakt. In diesem Fall hat sich das Sprichwort bewahrheitet, dass man sich im Leben immer zwei Mal trifft.

All Star

54.08: „Rivet brings it right back in again and Roy is gonna be called offside. A little less than six minutes remaining in regulation, the visitors lead by one."

Rick Jeanneret

Das Abseits von Derek war jetzt wirklich haarscharf. Nicht einmal mehr sechs Minuten bleiben Zeit, aber wenn die Burschen so weiterspielen, können wir die Kastanien noch aus dem Feuer holen. Keiner lässt sich hängen, die Jungs treiben einander nun gegenseitig an. Wir versuchen, die Sharks schon tief in ihrem eigenen Drittel zu attackieren und zu Fehlern zu zwingen. Unsere Fans spüren den Willen der Mannschaft, zurück ins Spiel zu kommen. Wir müssen jetzt die Initiative behalten und die Sharks mit allen Kräften unter Druck setzen. Dann werden wir noch einige Gelegenheiten haben, die Scheibe im Tor unterzubringen.

Das Fernsehen nutzt die Abseits-Unterbrechung, um einen Werbeblock einzuschalten. So haben beide Teams die Möglichkeit, nochmals etwas Kraft für die letzten, anstrengenden Minuten zu sammeln. Wieder haben mich zwei Autogrammjäger entdeckt und stupsen mich an. Diesmal steht ein Mädchen im Teenager-Alter mit seinem Freund hinter mir. Es grinst und hält mir ein T-Shirt vom All-Star-Spiel vors Gesicht: „Ein Autogramm, bitte!" Man könnte sagen, routiniert greife ich zum mir entgegengestreckten Stift und signiere das T-Shirt. Im Augenwinkel sehe ich, wie meine Mutter lächelt. So gut ich kann, deute ich wiederholt ein Lächeln an und die beiden Teenager verabschieden sich.

Unglaublich eigentlich, vor nicht einmal drei Wochen, am 26. Jänner 2009, habe ich im Ensemble der NHL-All-Stars gespielt. Zwar hatte ich die Teilnahme an einem All-Star-Game nicht explizit zum Ziel, als ich dann aber von meiner Einladung erfahren habe, hat es mich riesig gefreut. Wieder ein kleiner Meilenstein meiner sportlichen Karriere. Ich habe es als besonderes Zuckerl gesehen, dass Montreal heuer zur Bühne für dieses alljährliche Schauspiel auserkoren worden war. Diese Stadt atmet Eishockey.

Wegen des All-Star-Spiels wird – außer in den Jahren Olympischer Winterspiele – der normale Spielbetrieb der NHL für einige Tage unterbrochen. Die Veranstaltung selbst dauert für die Spieler von Donnerstag bis Sonntag. In Montreal schien an diesem Wochenende das restliche Leben stillzustehen. Schon in der Früh warteten Autogrammjäger vor dem Hotel auf die Spieler, das „Bell Centre", die Halle der Montreal Canadiens, die heuer noch dazu ihr 100-jähriges Jubiläum feiern, war bei jedem Training mit 22.000 Fans zum Bersten voll. Uns Spielern wurde von den Organisatoren jeder Wunsch von den Augen abgelesen, jeden Abend gab es spezielle Veranstaltungen. Ich war begeistert, dass Ashley sich entschlossen hatte, mit nach Montreal zu kommen. Für uns war das eine perfekte Möglichkeit, mitten in der Saison ein verlängertes Wochenende miteinander verbringen zu können. In unserem Sport ist das eine echte Rarität um diese Jahreszeit. Blake wussten wir wie immer bei unserer Nanny gut aufgehoben.

Von meiner Einberufung erfuhr ich eine Woche vor dem Spiel, an meinem Geburtstag. Darcy und Lindy kamen nach dem Training in die Kabine auf mich zu und überreichten mir stolz ein Jersey der Eastern All Stars mit meiner Nummer und meinem Namen. Ich war heuer der einzige Spieler unseres Teams, dem diese Ehre zufiel. Im ersten Moment war mir gar nicht bewusst, welchen Stellenwert die Teilnahme an einem All-Star-Spiel hat. Erst als meine Teamkollegen zu mir kamen, mir auf die Schulter klopften, die Hand schüttelten und mir gratulierten, wurde mir langsam bewusst, was ich da geschafft hatte. Ich hatte meine Einberufung einzig und allein meiner bisherigen Leistung in dieser Saison zu verdanken. Die Teams der Eastern und Western All Stars werden von den Trainern und Managern der 30 NHL-Clubs zusammengestellt. Aus knapp 900 Spielern wird da ausgesiebt und am Ende bleiben die 42 Besten über. Da dazugezählt zu werden, ist eine große Ehre.

In der Kabine geht es bei diesem Aufeinandertreffen der Superstars erstaunlich locker zu. Nach der ersten halben Stunde, dem ersten gegenseitigen „Beschnuppern“, ist es wie in einer ganz normalen Mannschaft. Natürlich ist es ein erhebendes Gefühl, dass plötzlich ein Alex Owetschkin, Vincent Lecavalier oder Ewgeni Malkin auf derselben Bank neben mir sitzen. Vor allem die Russen haben für einen Heidenspaß in der Kabine gesorgt. Da muss ich meinen Hut vor „Alex the Great“ ziehen. Er hat das Eis unter den Füßen nicht verloren, ist geistreich und witzig. So war es leicht, mich in das Team der Besten einzugliedern. Man kann es fast mit den ersten Tagen in der NHL vergleichen. Zuerst waren alle Stars, Superstars für mich. Bald habe ich gemerkt, dass nahezu alle All Stars vollkommen frei von Allüren sind. Einfach sehr nette und coole Leute. Persönlich näher bekannt war ich bis zum Zeitpunkt des All-Star-Games nur mit Zach Parise von den New Jersey Devils. Während der College-Zeit standen wir bei Spielen einander gegenüber. Aus einer gesunden Rivalität haben sich schnell Respekt und eine Art Freundschaft entwickelt.

Das Coaching bei so einem Spiel steht in krassem Gegensatz zum Ligaalltag. In erster Linie geht es ja um den Spaß, deswegen liegen die Aufgaben des Trainers darin, die Linien zusammenzustellen und aufzupassen, dass alle möglichst gleich lang am Eis sind. Ich habe erst im Nachhinein mitbekommen, dass ich sogar ein paar Sekunden mehr Eiszeit hatte als Owetschkin. Auch wenn alles einen entspannten Charakter hatte, war es sehr interessant, auch andere Trainer kennenzulernen und sie bei ihrer Arbeit in der Kabine und an der Bande zu beobachten. Bei uns, den Eastern All Stars, war Claude Julien von den Boston Bruins der Cheftrainer. Sein Co war Guy Carbonneau von den Montreal Canadiens.

Ich habe mit Jeff Carter von den Philadelphia Flyers und Ilya Kowaltschuk von den Atlanta Thrashers in einer Linie gespielt. Wir haben uns gut verstanden und viel Spaß gehabt, nur die Chemie am Eis war, sagen wir mal suboptimal. Wir sind drei Spieler, die gerne den Abschluss suchen. Obwohl es nach der regulären Spielzeit 11:11 gestanden ist, hatte keiner von uns drei auch nur einen einzigen Scorer-Punkt zu Buche stehen. Dafür hatten wir alle ein dickes, fettes Minus in der Plus/Minus-Statistik. Bei diesem Spiel war das zum Glück egal, da es darum ging, den Fans eine tolle Show zu bieten.

Dennoch ging es in den letzten Spielminuten ordentlich zur Sache, auch weil keines der Teams das Eis als Verlierer verlassen wollte. Die Entscheidung fiel letztlich im Penalty-Schießen und da hatten wir das bessere Ende für uns. Für die Montreal-Fans im Publikum gab es einen besonderen Anlass zu jubeln, denn Canadiens-Star Kovalew fixierte mit seinem Penalty unseren Sieg. Es war nach 2003 erst das zweite Mal überhaupt, dass ein All-Star-Spiel im „Shootout" entschieden wurde. Einer unserer Spieler hatte davor für ein weiteres Kuriosum gesorgt. Mike Komisarek, ebenfalls von den Montreal Canadiens, wurde in der Overtime wegen Haltens auf die Strafbank geschickt. Eine Zwei-Minuten-Strafe bei einem All-Star-Spiel hat es zuletzt vor neun Jahren gegeben! Aber auch daran konnte man merken, wie sehr vor allem den Canadiens-Spielern ein Sieg vor ihrem Heimpublikum am Herzen lag.

Auch ein kleines Detail am Rande hatte dieses All-Star-Game für mich parat. Ursprünglich war mir von der NHL „meine" Nummer 26 zugeteilt worden. Ein paar Tage vor dem Spiel jedoch verletzte sich Sidney Crosby, einer der absoluten Superstars der Liga. Für ihn wurde Martin St. Louis von den Tampa Bay Lightning nachnominiert. Für Martin war es nicht die erste Teilnahme am Treffen der Superstars, einziges Problem: Auch er spielt mit der Nummer 26. Als mein Handy klingelte und ich an der Nummer erkannte, dass es die Organisatoren aus Montreal

Bei meinem ersten All-Star-Game am 26. Jänner 2009 in Montreal.

waren, war mir schon klar, worum es ging. Ich wurde nicht „enttäuscht“: „Mr. Vanek, wegen der Nachnominierung von Martin St. Louis gibt es ein Problem mit Ihrer Nummer ...“. Lange Rede, kurzer Sinn: Ich wurde gefragt, ob ich auf meine Nummer verzichten würde. Aus Respekt gegenüber St. Louis stimmte ich zu. Einen kleinen Scherz konnte ich mir aber nicht verkneifen. Als man mich nach dem Wunsch einer Ersatznummer fragte, sagte ich, gerne mit der Nummer 87 spielen zu wollen. Stille am kanadischen Ende der Leitung. Ich hatte mir doch glatt erlaubt, die Trikotnummer von Sid Crosby, ihrem Nationalheiligtum, für mich zu beanspruchen. „Just kidding!“, beruhigte ich die Organisatoren, „ich nehme die 20, die Nummer aus meinen Kindertagen.“

Bis zu meiner Zeit in Sioux Falls habe ich immer mit der 20 gespielt, die auch schon die Rückennummer meines Vaters während seiner aktiven Zeit gewesen war. An der High School jedoch war die 20 vergeben, so habe ich in Sioux Falls bei Stampede drei Jahre die 19 getragen. Am College in Minnesota wollte ich zum 20er zurückkehren, aber wieder war ein anderer Spieler schneller. So habe ich mich für „meine" 26 entschieden.

Ist Ehrgeiz geil?

57.51: „Sekera comes in to step into Plihal!"

Rick Jeanneret

Es hält jetzt kaum mehr jemanden auf seinem Sitz, auch ich stehe und zapple. Das Tempo und die Intensität des Spiels sind unglaublich. Unser Team stellt auf totale Offensive, checkt alles, was sich bewegt, nur um wieder an den Puck zu kommen. So kurz vor Spielende darf man nichts unversucht lassen, um den kleinen Rückstand wettzumachen. Die Fans in der ersten Reihe klopfen mit ihren Fäusten gegen die Plexiglaswand, der Rest trampelt mit den Füßen oder klatscht sich die Hände wund – das ist fast schon Playoff-Stimmung!

Der Ehrgeiz, der unbedingte Wille, diese Partie nicht zu verlieren, ist meinen Teamkollegen jetzt in jeder Aktion anzumerken. Ich spüre, wie ich selbst unbewusst etwas verkrampfe, jeden Muskel anspanne, als würde ich selbst am Eis stehen und versuchen, dem Gegner den Puck abzujagen. Ich gebe es zu, ich habe einen sehr gesunden Ehrgeiz, und zwar in jeder Sportart, die ich betreibe. Da ist es egal, ob es um Punkte mit den Sabres geht oder ob ich mit Freunden Golf oder Tennis spiele. Als Kind war das natürlich noch viel schlimmer. Da habe ich beim Tennisspielen schon mal den Schläger geworfen, wenn ich einen sicheren Punkt noch verschenkt habe. So schlimm ist es heute nicht mehr. Gewinnen will ich trotzdem immer. Auch beim Kartenspielen mit den anderen Sabres-Spielern. Ich denke aber, dass so eine Einstellung zum Sport einfach dazugehört.

Mit 82 Spielen allein im Grunddurchgang dauert bei uns die „regular season" sehr lang. Manchmal ist es verlockend, sich zu sagen, dass heute Abend nur eines von 82 Spielen ist und man die ganze Sache mal etwas lockerer angeht. Genau diese Mentalität führt aber dazu, dass man am Ende mit leeren Händen dasteht und im April bereits Golf spielt, während die 16 besten Teams der Liga um den Stanley Cup kämpfen.

Wir haben in dieser Saison schon viele Punkte gegen vermeintlich schwache Gegner wie die Islanders oder Thrashers abgegeben. Hoffentlich fehlen uns die am Ende nicht, wenn es um die Playoff-Plätze geht. Da wir schon letztes Jahr die Playoffs verpasst haben, gibt es für uns heuer keinen Gegner, den wir unterschätzen oder gegen den wir die Zügel schleifen lassen. Wir wissen, dass wir uns so etwas nicht leisten können. Das heißt freilich nicht, dass man jedes Spiel auch gewinnen kann. Wenn man verliert, kommt es immer darauf an, wie man verliert. Hat man sein Bestes gegeben? Hat man bis zum Schluss gekämpft? War der Gegner einfach besser? Wenn man diese Fragen für sich positiv beantworten und man sich nach einer Niederlage im Spiegel in die Augen schauen kann, ist auch einmal eine Niederlage okay.

Ein gutes Beispiel dafür sind die Detroit Red Wings. Ja, sie haben tolle Spieler, aber das allein macht ihren Erfolg seit Jahren nicht aus. Bei Spielen gegen Detroit weiß jedes gegnerische Team, dass das Spiel erst vorbei ist, wenn die Schlusssirene ertönt. Die Wings sind da unbarmherzig. Auch wenn sie 0:2 zurückliegen, spielen sie weiter ihr gewohntes System und glauben an ihren Erfolg. Und meistens reicht es für Detroit auch. Wenn sie doch einmal verlieren, wissen sie nachher wenigstens, dass sie alles gegeben haben. Diese Einstellung macht sie so stark und besser als alle anderen Teams.

Die Red Wings haben in den letzten Jahren so viel gewonnen, dass es für sie in jedem Spiel nahezu undenkbar ist, als Verlierer vom Eis zu gehen. Da ist auch eine gesunde Portion Arroganz dabei. Aber diese durchaus positive Arroganz haben sie sich über die Jahre redlich erarbeitet.

Schon im Training wird Vollgas gegeben.

Ich glaube, dass der Grundstock für solche Leistungen bereits im Training gelegt wird. Man kann so eine „never give up"-Einstellung sicher erlernen. Wenn man schon im Training immer gute Leistungen zeigt und versucht, sein Letztes zu geben, fällt es auch im Spiel viel leichter, diesen inneren Schalter umzulegen und nochmals alles aus sich herauszuholen.

Wir sind noch nicht ganz so weit, aber wir sind auf dem Weg dorthin. Die Sabres sind noch ein junges Team. Ein Großteil der Mannschaft hat schon gemeinsam in Rochester gespielt und dann wurden wir in meinen ersten beiden Jahren gleich mit zwei großartigen Playoff-Saisonen verwöhnt. Letztes Jahr hatten wir als

Mannschaft das erste Tief und wir mussten erst einmal lernen, mit Niederlagen umzugehen. So abgedroschen es auch klingen mag, aber aus Niederlagen und Rückschlägen lernt man. Und wenn es nur die Überzeugung ist, solche schlechten Saisonen nie mehr erleben zu wollen. Auch das ist ein Motivationsfaktor. Wir sind noch am Wachsen und Lernen. Spieler wie Pominville, Roy, Gaustad oder auch ich selbst sind noch lange nicht am Zenit unserer Karriere angekommen. Aber wir haben den Ehrgeiz, so gut wie die besten Teams der Liga zu werden. Auch wenn der Weg dorthin manchmal ein schmerzhafter ist – für uns Spieler genauso wie für die zigtausend Fans, die mit den unweigerlich kommenden Enttäuschungen leben müssen.

Leadership

59.56: „He scooooooores. Craig Rivet! Craig Rivet! Craig Rivet! The captain strikes gold!“

Rick Jeanneret

Es ist, als würde die Halle für einen Moment abheben. Exakt 3,9 Sekunden vor dem Ende der regulären Spielzeit zappelt die Scheibe hinter Sharks-Goalie Nabokow im Netz. Unsere Spieler umringen Kapitän Craig Rivet, der mit seinem direkt übernommenen Schlagschuss die gesamte Gemeinde von Buffalo, egal, ob in der Halle oder vor den Fernsehschirmen, gerade in einen kollektiven Freudentaumel versetzt hat. 19.000 Menschen in der Arena stehen, jubeln oder singen und zollen der Mannschaft begeistert Beifall. Selten entfalten Tore eine so unmittelbare erlösende Kraft. Eben noch sind wir vor dem Abgrund gestanden, nun lebt die Chance, das Spiel noch zu gewinnen, neu auf. 5:5 – und nur mehr wenige Sekunden zu spielen. Die Verlängerung ist in Reichweite.

Oft sind es Führungsspieler, die in den entscheidenden Situationen das Heft in die Hand nehmen und somit Verantwortung übernehmen. Auch wenn ich am Jumbotron gerade sehe, dass Jason Pominville den Schuss von unserem Kapitän noch mit seiner Schlägerschaufel abgefälscht hat und somit das Tor gutgeschrieben bekommt, liegt dem Treffer vor allem das entschlossene Handeln von Rivet und zuvor Jochen Hecht zugrunde. Craig spielt seine erste Saison in Buffalo und wahrscheinlich bedeutet es ihm besonders viel, heute gleich drei Assists gegen die Sharks zu verbuchen, in deren Reihen er bis zum Sommer gestanden ist.

Führungskompetenz beginnt für mich bei der Ehrlichkeit und Authentizität einer Person. Egal, ob im Falle von Sieg oder Niederlage. Ein Führungsspieler muss immer ehrliche und geradlinige Antworten geben können, auch wenn manche Spieler empfindlich auf Kritik reagieren. Diese Offenheit jedoch ist eine Grundvoraussetzung, um seine persönliche wie auch die Leistungsfähigkeit der gesamten Mannschaft immer weiter verbessern zu können. Natürlich gibt es in den verschiedenen Teams auch unterschiedliche Hierarchien und Strenge in der Einhaltung von Rangordnungen. Bei den Sabres sind wir acht, neun Spieler, die wir nun schon recht lange zusammen spielen. Jeder kennt die Stärken und Schwächen des anderen und der offene Umgang miteinander hilft uns, das gemeinschaftliche Gefühl sowie Wohl und Erfolg der Mannschaft in den Vordergrund und uns selbst in den Hintergrund zu rücken. Den einzelnen Führungsspieler, nach dessen Anordnungen sich alle anderen zu richten haben, gibt es hier bei uns in der Mannschaft der Sabres nicht. Das war auch zu Zeiten eines Chris Drury oder Danny Brière nicht anders. Vor allem bei Chris haben sich der Respekt und das Zuhören von selbst ergeben. Er hatte zuvor schon mit Colorado einen Stanley Cup gewonnen und war damals an dem Triumph nicht ganz unbeteiligt. Wenn er etwas in der Kabine gesagt hat, hatte das Gewicht. Einfach aus dem Grund, weil er wusste, wie man gewinnt.

Wir pflegen eine Gesprächskultur, in der wir die jungen Spieler ermuntern, offen ihre Meinung zu sagen und auch an den Älteren konstruktive Kritik zu üben. Auf der anderen Seite sind auch wir „erfahrenen“ Spieler noch relativ jung. Ich spiele jetzt gerade erst meine vierte Saison in der NHL. Da gibt es auch für mich noch jeden Tag genug zu lernen. Spieler wie Craig Rivet sind da auch für mich extrem wichtig.

Meiner Ansicht nach zeigt sich Führungsverhalten in erster Linie dadurch, wie ein Mensch in bestimmten Situationen handelt. Reden ist schön und gut, aber erst eine Tat kann auf

Menschen wirklich überzeugend wirken. Im Falle des Eishockeys sind das auch Gefahren, in die sich ein Spieler begibt, wenn er sich beispielsweise in einen Schuss wirft, um die eigene Mannschaft vor einem Gegentreffer zu bewahren. Diese Vorbildwirkung, die Führungsspieler aufgrund ihrer Einsatzbereitschaft ausüben, wirkt auf junge Spieler automatisch anziehend. Wie auch die Erfolge, die Mitspieler zu Buche stehen haben.

Mit Craig Rivet haben wir jetzt wieder einen starken Kapitän. Er hat zwar noch keinen Stanley Cup gewonnen, aber in seiner Karriere trotzdem schon viel erreicht. Und er ist ein harter Arbeiter, der auch im Training nicht zurücksteckt. Was einen Kapitän grundsätzlich von anderen Spielern unterscheidet, ist, dass er – wie ein Klassensprecher in der Schule – mit den Wünschen und Sorgen der Spieler zum Trainer geht. Er ist das Bindeglied zwischen Mannschaft und Trainerstab. Wenn wir Spieler während der Saison fühlen, dass wir einmal einen Tag frei oder ein kürzeres Training brauchen, sagen wir das Craig. Er geht damit zu Lindy. Meistens hört der Trainer dann auch auf unsere Wünsche. Es ist freilich kein Nachteil, dass sich Ruff und Rivet gegenseitig sehr schätzen und respektieren.

In den Medien wird ja viel Blödsinn über mein Verhältnis zum Trainer verbreitet. Ja, Lindy ist ein harter Hund, wie man so schön sagt, und wir werden nie gemeinsam Mittagessen gehen. Aber das würde Lindy mit keinem Spieler tun. In den amerikanischen Profisportarten herrscht immer eine gesunde Distanz zwischen Spielern und Trainern. Dadurch gibt es auch keine „Verhaberungen". Diese Distanz ist wichtig, damit sich kein Spieler benachteiligt fühlt. Ich halte viel von Ruff, denn er hat aus dem ihm zur Verfügung stehenden Spielermaterial immer mehr herausgeholt, als man ihm vor einer Saison zugetraut hat. Der letzte Superstar in Diensten Buffalos war Goalie Dominik Hašek, der 2001 zu den Detroit Red Wings wechselte. Seitdem arbeiten Ruff und sein Trainerstab fast durchgehend mit jungen Spielern, die gedraftet und selbst ausgebildet werden. Lindy ist ein strenger Trainer, aber nur, weil er von seinen besten Spielern auch mehr verlangt. Das ist sein gutes Recht und sollte uns noch mehr anspornen. Er ist sicher der härteste Trainer meiner Karriere, aber auch das ist klar, schließlich war ich außer dem einen Jahr in Rochester zuvor nie Profispieler. „Hart“ ist im Zusammenhang mit Lindy positiv gemeint. Er hat ja auch einen weichen Kern und macht Witze. Die Reporter stehen total auf ihn, weil er immer wieder für einen witzigen Spruch gut ist. Ich würde ihn auch nicht unbedingt als stur bezeichnen, er erwartet viel und will gewinnen – da sind wir uns beide sehr ähnlich. Als junger Spieler muss man lernen, wie man mit ihm umgeht.

Zum Reifeprozess eines Spielers gehört sicher auch, dass er lernt, seine Emotionen zu kontrollieren. Selten nur wird ein Führungsspieler dumme Fouls begehen, weil ihm die Sicherungen durchbrennen. In hektischen Situationen einen klaren Kopf und die Übersicht zu bewahren, sind Eigenschaften, die man zwar lernen kann, die aber nachweislich nicht jedermanns Sache sind. Wenn ich vor dem Tor stehe und ununterbrochen Cross-Checks von hinten kassiere, packt mich manchmal auch der Zorn. Aber was soll's? Letztlich wäre es äußerst unklug, meinen Rachegelüsten freien Lauf zu lassen und die Mannschaft durch eine unkontrollierte Handlung und die daraus resultierende Zwei-Minuten-Strafe auch noch zu schwächen.

Auch sollte man sich immer bewusst sein, dass Sprache und Haltung des eigenen Körpers einen großen Einfluss nehmen, wie wir auf unsere Mitmenschen wirken, was wir ausstrahlen. Das sprichwörtliche „den Kopf nicht hängen lassen“ mag zwar banal, langweilig oder abgedroschen klingen, aber es beschreibt wohl am natürlichsten das, was ich für so wichtig erachte: Selbst in schwierigen Zeiten und Stunden der Niederlage keine Ausreden zu suchen, positiv zu bleiben und den Blick nach vorne zu richten. Gerade die Körpersprache ist allerdings etwas, woran ich selbst noch zu arbeiten habe. So ehrlich bin ich.

Dritte Pause – Alles oder nichts

60.00: „And now we are heading to overtime here at HSBC. Oh, the fans are all back on their feet again!"

Rick Jeanneret

Give me five! Lindy Ruff hat Feuer in den Augen. Das kann ich von hier oben zwar jetzt nicht sehen, aber es brennt die ganze Halle und ich kenne unseren Trainer ja gut genug. Ein Tor noch, und die Fans gehen heute glücklich nach Hause. Dann haben wir alle wieder etwas von diesem legendären Geist der Stärke in Buffalo gespürt. Lindy Ruff arbeitet jetzt zwölf Jahre durchgehend bei den Sabres als Trainer. Absoluter NHL-Rekord! Er ist ohne Zweifel einer der besten Mannschaftstrainer aller Zeiten. Der Sir Alex Ferguson des Eishockeys.

Unser Coach gibt knappe und klare Anweisungen. Nach 60 Minuten, die psychisch und physisch jedem einzelnen Spieler alles abverlangt haben, heißt es nun, die letzten Reserven zu mobilisieren. Es ist eine Phase im Spiel, in der man bewusst die eigenen Grenzen überschreiten muss. Einen Check trotzdem zu Ende fahren, obwohl der Körper Rückmeldungen gibt, dass er das ganz und gar nicht mehr will. Overtime. Eine Zeit der Überwindung, des Willens, der Hoffnung auf den Erfolg des Teams und der Sehnsucht auf das Glücksgefühl im Falle des Sieges.

Entscheidend ist der sofortige Puck-Besitz nach einem Bully. Deshalb ist es wichtig, dass der Trainer jetzt immer unsere stärksten Center aufs Eis schickt. Paul Gaustad hat in dieser Hinsicht heuer enorme Fortschritte gemacht. Wenn er sich weiter so entwickelt, wird er in den nächsten Jahren zum besten „Face off man" der Liga werden. Es macht eben einen riesigen Unterschied, ob man nach einem Einwurf die ersten 20 Sekunden dem Puck nachjagt oder selbst das Spiel aufziehen kann.

Je näher der schrille Ton der Schlusssirene rückt, umso mehr wird von den Trainern taktiert. Gerade bei fünf gegen fünf verhalten sich die Spieler am Eis je nach Spielstand sehr unterschiedlich und gemäß den Anweisungen des Trainers. Liegen wir deutlich in Führung, wird der Gegner im eigenen Drittel meist nur von einem unserer Spieler attackiert; befinden wir uns im Rückstand, schalten zumindest drei Spieler auf Forechecking. Auch die Linien werden in den letzten zehn Minuten eines Spiels wohl am häufigsten durcheinandergewürfelt. Der Trainer muss in Sekundenbruchteilen entscheiden, welche die seiner Meinung nach gerade beste Mischung für die Erfordernisse einer speziellen Situation ist. Ähnlich dem Schach gibt es bei den verschiedenen Spielsystemen unzählige Varianten von Spielzügen. Auch wenn jede Spielsituation am Eis letztlich einen sehr individuellen Charakter hat, sind taktische Lehrstunden ein wichtiger Bestandteil in unserem Sport.

Oft beginnt der Trainingstag in der Halle um neun Uhr mit einer Besprechung unseres Verhaltens im Falle eines Unterzahlspiels. Mithilfe von Videosequenzen wird der jeweils nächste Gegner vom Coach in taktischer Hinsicht seziert. Am Eis werden jene Varianten in Powerplay, Unterzahl und „Five on Five“ geübt und einstudiert, welche gegen den kommenden Gegner am ehesten Erfolg versprechen. An Spieltagen gibt es immer eineinhalb Stunden vor Beginn der Partie die Teambesprechung. Trainer Lindy Ruff zeigt uns noch einmal ein Video mit den taktischen Stärken und Schwächen der gegnerischen Mannschaft. Zum Abschluss der taktischen Besprechung sehen wir noch ein Video, das auf das Verhalten des Gegners in Unterzahl zugeschnitten ist. Die Wahrscheinlichkeit, in Überzahl ein Tor zu erzielen, ist schlicht größer, daher der besondere Fokus auf das Verhalten des Gegners in Unterzahl.

Meist wird im ersten Drittel eines Spiels an der Taktik nicht viel geändert. Das Verhalten der Mannschaft und Linien ist im

Falle von Scheibenbesitz und Scheibenverlust so, wie es der Trainer vor dem Spiel als Marschroute ausgegeben hat. Ändert der Gegner während des ersten Spielabschnittes sein taktisches Verhalten, besprechen wir in der ersten Drittelpause natürlich, inwieweit das Auswirkungen auf unser Spiel hat. Gegebenenfalls bekommen wir vom Trainer für das zweite Drittel ein neues taktisches Rezept mit aufs Eis.

Papa steht neben mir. Wir sehen einander in die Augen. „Was tun wir jetzt?“, signalisiere ich mit verschlossenem Mund. „Immer in Bewegung bleiben“, antwortet er. Ich würde gerne schmunzeln. Mein Vater Zden war und ist mein wichtigster Förderer. Er hat eine goldene Hand fürs Eishockey. Er übt kaum Druck aus, trotzdem ist er streng mit seinen Schülern. Dafür kommen die Kinder auch in den Genuss der technisch so hoch geschätzten tschechischen Eishockeyschule. Das meiste wird innerlich bearbeitet. Keine lauten Töne. Die ewige Suche nach der Harmonie in der Mannschaft.

Es ist innerhalb einer Mannschaft nicht immer einfach, alles unter einen Hut zu bringen. Unterschiedliche Charaktere und Nationalitäten, Bedürfnisse und Vorstellungen. Die Spieler müssen sich verstehen und respektieren. Respekt! Wenn man sich gut versteht, miteinander auch noch befreundet ist, macht das alles viel leichter. Das zeigt sich vor allem während der harten Trainingsarbeit. Mit Freunden zu arbeiten, ist selbstverständlich produktiver. Es entsteht positive Energie, die dich antreibt. Bei uns schaut das sehr gut aus. Die Hälfte der aktuellen Sabres-Mannschaft hat ja schon beim Farmteam in Rochester zusammen gespielt. Jene Spieler, die dazukommen, passen charakterlich auch immer. Wir haben eine Supertruppe hier in Buffalo. Es ist eine Freude, Teil dieser verschworenen Gemeinde zu sein.

Ich kann mir gut vorstellen, nach meiner Spieler-Karriere als Trainer zu arbeiten. Wie mein Vater am liebsten mit Kindern und Jugendlichen oder vielleicht gleich als Trainer an einem College. Kindlichen Übermut muss man oft auch bremsen und versuchen, diese unbändigen Energien zu kanalisieren, in geregelte Bahnen aufs Eis lenken. Wie ich selbst als Kind, ist unser Sohn Blake kaum zu bremsen. Jetzt weiß ich, wie es meinen Eltern ergangen ist. Obwohl Blake erst zwei Jahre alt ist, fliegt bei ihm schon der Schläger. Ashley und ich versuchen ihn zu beruhigen, bisher haben wir aber kein Rezept gefunden. Auch ich konnte als Kind so richtig zornig werden. Dahinter steckt wohl der Ehrgeiz, gewinnen zu wollen und alles perfekt zu machen. Ich habe immer mein Bestes gegeben und wollte gewinnen. Wenn ich einen Schuss oder Schlag nicht getroffen habe, wie ich wollte, hat der Ehrgeiz überhandgenommen. Dann ist da schon mal das Racket geflogen. Heute habe ich mich besser unter Kontrolle und passiert so etwas nicht mehr. Was nicht heißt, dass ich nicht mit mir selbst hadere und schimpfe. Obwohl, auch das ist mit dem Alter besser und weniger geworden. Meine Gegner habe ich noch nie verbal attackiert. Ich habe mich immer nur über mich selbst geärgert.

Woher kommen diese Zornesausbrüche bei Kindern? Ich glaube, das ist angeborener Ehrgeiz, Siegeswille. Solange das Kind niemand anderem wehtut, sollte man diesen Energien ihren Platz geben, Kindern den freien Willen lassen, sie zu nichts zwingen. Mein Vater hat mich nie zum Eishockey gezwungen, nur weil er selbst davon begeistert ist. Ich wollte das selbst, er musste mich bremsen. Ich wollte den ganzen Tag in der Eishalle verbringen und mit den verschiedenen Gruppen trainieren. Es ist schlimm, wenn Eltern ihre Kinder schon in niedrigem Alter zu Sportkursen bringen, obwohl die Kinder das gar nicht wollen. Ich denke, Eltern haben die Aufgabe, Kinder in dem zu unterstützen, was die Kleinen machen wollen. Egal, ob Sport, Musik oder Technik. Mit Blake spiele ich Hockey im Keller, und da sieht man, dass er schon ganz der Papa ist.

Trainer und Mentoren sind für uns alle wichtig. Sie kritisieren, loben oder ignorieren uns. In jedem Fall zeigen sie immer neue Möglichkeiten, Wege und Varianten auf. Alle meine Trainer haben ihren Anteil daran, dass ich heute hier stehe. Einer der wichtigsten war für mich Bob Motzko bei den Sioux Falls Stampede, meinem High-School-Team. Es waren meine ersten Jahre in den USA, die ich fast ausschließlich in der Eishalle oder der O´Gorman High School verbracht habe. Bob hat mir unglaublich viel Vertrauen geschenkt. Bereits im Alter von 15, 16 Jahren hat er mich mit den 20-Jährigen spielen lassen. Das war enorm wichtig für meine Entwicklung. Er hat auch großen Anteil daran gehabt, dass ich schließlich bei den Golden Gophers an der University of Minnesota gelandet bin. Bob wurde dort als Assistant Coach engagiert und ohne ihn hätte ich diese Chance, meine Fertigkeiten bei einem so hochklassigen Universitätsteam unter Beweis zu stellen, nicht bekommen.

Gerne denke ich an Werner Gregoritsch. Der aktuelle Trainer des österreichischen Fußball-Bundesligisten Kapfenberger SV war in den Jahren, bevor ich 1998 in die USA gegangen bin, einer meiner Lehrer in der Sporthauptschule Bruckner in Graz. Ich war von seiner Begeisterungsfähigkeit und seinem inneren Feuer immer schon beeindruckt. „Gregerl“ wollte mich mit aller Macht überreden, Fußball statt Eishockey zu spielen. Er ließ dabei kein Argument aus und wollte mir auch das Geld schmackhaft machen: „Im Fußball kannst du wesentlich mehr verdienen als beim Eishockey.“ Nach Werners Worten habe ich geantwortet, dass ich ohnehin nach Amerika gehen würde. Wie er unlängst erzählt hat, hat ihm damals vor allem meine Zielstrebigkeit gefallen. Werner war ein imponierender, authentischer Lehrer.

Die Overtime beginnt. Ich muss mich wieder aufs Spiel konzentrieren.

Hattrick-King

60.01: „They had a heads up play, they had everybody covered and they had a big shot from the point to help them out. – Let's see if that will help them out in the 4-on-4 overtime.“

Rob Ray und Harry Neale, TV-Co-Kommentatoren

Los geht's mit der Verlängerung. Das Spiel beginnt bei null, jetzt sind Nerven aus Stahl gefragt. Ich freue mich noch immer mit Jason Pominville. Das Tor vorhin war sein erstes nach 17 Spielen. Aber gerade in diesem entscheidenden Moment hat es wieder funktioniert. Das zeichnet große Spieler aus – im richtigen Moment am richtigen Ort zu sein.

Meine längste Durststrecke war nur unwesentlich kürzer als jene von Pommers – und hat mich gleich zu Beginn meiner Karriere bei den Buffalo Sabres einer harten Prüfung unterzogen. 15 lange Spiele sollte es dauern, bis ich über meinen ersten NHL-Treffer jubeln konnte. Das war damals wirklich brutal, denn aus all den Jahren zuvor war ich es gewohnt, den Puck regelmäßig im Tor unterzubringen. Es war üblich, der beste Torjäger meines Teams zu sein. Das heißt jetzt nicht, dass ich während dieser persönlichen Dürreperiode meinen Kollegen wie Danny Brière oder JP Dumont wegen ihrer Tore neidig war. Am 9. November 2005 war es endlich so weit: Beim Heimspiel gegen die Carolina Hurricanes traf ich gleich zwei Mal und steuerte noch einen Assist bei. Der Puck, mit dem mein erstes NHL-Tor gelang, ist bei mir daheim sicher verwahrt und wird mich ewig an diesen Moment erinnern.

Im Nachhinein betrachtet war es hilfreich, dass ich gleich zu Beginn meiner NHL-Zeit von dieser Durststrecke geplagt wurde.

Erschöpft, aber glücklich nach meinen ersten Treffern in der NHL.

Ich habe in dieser harten Zeit sehr viel gelernt: Man muss immer positiv bleiben, darf nicht zu viel wollen. Je mehr man drückt, desto mehr geht schief. Die Geduld wird zwar auf eine harte Probe gestellt, aber irgendwann findet die Scheibe wieder ihren Weg ins Netz. Wenn das einmal passiert, ist es bei jedem Torjäger auf der Welt gleich: Ist der Knoten einmal geplatzt, haben sich die Schleusen geöffnet, gibt es oft kein Halten mehr. Letztlich ist das alles nur eine Frage des Selbstvertrauens.

Von der Erfahrung dieses persönlichen Tiefs habe ich in meiner dritten Saison, nachdem ich meinen neuen Vertrag unterschrieben hatte und es zu Beginn wieder nicht so laufen wollte, profitiert. Die Erwartungshaltung von Medien und Fans war natürlich groß, dennoch ist es mir gelungen, Ruhe zu bewahren und den Glauben in mein Können nicht zu verlieren. Ich weiß, wie viel Druck ich mir selbst oft mache. Jeder kennt das Gefühl, sich gelegentlich selbst im Weg zu stehen. Obwohl mir das Pech förmlich am Schläger zu kleben schien, behielt ich meine Nerven und arbeitete hart weiter. Ich kann mich nicht erinnern, im Training oder im Spiel etwas grundlegend anders gemacht zu haben. Wie aus heiterem Himmel war der Puck auf einmal wieder mein Freund und tat genau das, was ich von ihm wollte – den Weg ins Netz finden.

Spannung und Atmosphäre sind in jeder Overtime ein Kapitel für sich. Jeder Fehler, jede Unachtsamkeit wird jetzt mit der sofortigen Niederlage bestraft. In der Verlängerung zählt das erste Tor, danach ist Schluss und der Sieger steht fest.

Das Zuschauen ist in dieser Phase des Spiels für mich besonders hart. Ich liebe es, wenn ein Spiel in die Verlängerung geht. Die Regeln sehen vor, dass in der Verlängerung bei jedem Team nur mehr vier Mann am Eis stehen. Das ist plötzlich ein ganz anderes Spiel als in der regulären Spielzeit. Es geht alles viel schneller, aber man hat mehr Platz am Eis. Ich genieße das und will auch Verantwortung übernehmen, derjenige sein, der die Scheibe führt und für die Entscheidung sorgt. Das kann freilich nach hinten losgehen, aber das ist einfach das Risiko, das man in Kauf nehmen muss.

Eine Verlängerung ist vor allem Nervensache. Wer zuerst blinzelt, verliert.

Es ist auch nur eine geringe Beruhigung für die Nerven, zu wissen, dass man mit dem Erreichen der Verlängerung wenigstens einen Punkt bereits sicher hat und nicht den ganzen Abend umsonst sein Letztes gegeben hat. Am Eis sind nur Vollblutsportler und die wollen immer zwei Punkte gewinnen.

Die Stimmung in der Halle wird von Augenblick zu Augenblick lauter, aufgeheizter. Unter mir stehen die Fans bereits auf ihren Plätzen. Ein seltener Anblick in einer amerikanischen Eishockeyhalle. Schade nur, dass keiner unserer Spieler heute mehr einen Hattrick erzielen kann, das wäre das Tüpfelchen auf dem i.

Mein letzter Hattrick liegt noch gar nicht so lange zurück. Exakt neun Tage. Da hatten wir die Toronto Maple Leafs in Buffalo zu Gast. Unseren Erzrivalen – Toronto liegt ja nur knapp 170 Kilometer von Buffalo entfernt – haben wir nach einer makellosen Vorstellung mit einer 5:0-Packung nach Hause geschickt. Dabei ist mir ein lupenreiner Hattrick gelungen, also drei Tore in Folge ohne einen Treffer eines anderen Spielers dazwischen. Der erste Treffer war ein klassischer Abstauber, nachdem Toronto-Goalie Justin Pogge einen Schuss von Tim Connolly hatte wegprallen lassen. Beim zweiten Treffer habe ich Pogge mit einem Schlagschuss über die rechte Schulter überrascht. Dieser Treffer war besonders schön, weil er von der Latte seinen Weg ins Tor gefunden hatte. Den Hattrick perfekt gemacht habe ich mit einem Powerplay-Treffer im Schlussdrittel.

Drei Tore an einem Abend zu erzielen, ist immer ein großartiges Erlebnis. Ich gebe es zu: Ich achte da auch nicht darauf, ob es ein lupenreiner oder doch nur ein „normaler“ Hattrick ist. Vielleicht wird mir das nach der Karriere wichtig sein, im Moment zählt für mich der Erfolg meines Teams mehr als persönliche Bestleistungen. Ich sehe das sehr pragmatisch: Je besser ich selber spiele, desto besser ist es für das Team, denn je mehr Tore, desto größer die Chance auf einen Sieg. Einzelleistungen steigern kurzfristig das Selbstvertrauen, aber ich habe in meiner Karriere noch viel vor und will jetzt noch gar nicht daran denken, schon einen Höhepunkt meiner Karriere erreicht zu haben.

Wie auch immer, insgesamt war der Hattrick gegen Toronto der fünfte meiner Karriere, davon der vierte lupenreine in Folge. Und das, so wurde mir versichert, war doch etwas Besonderes. Denn solches war zuletzt Ottawas Cy Denneny in der Saison 1923/24 gelungen. Im letzten Spiel vor meinem Kieferbruch schaffte ich also noch einen Eintrag ins Rekordbuch der NHL.

In den USA gibt es eine schöne Tradition, wenn einem Spieler bei einem Heimspiel ein Hattrick gelingt. Nach dem dritten Treffer werfen die Fans nämlich ihre Kappen aufs Eis. Natürlich muss das Spiel dann unterbrochen und das Eis gereinigt werden. Nach dem Match bekommt der Hattrick-Schütze fünf bis sechs große

Säcke voll mit den eingesammelten Kappen vor seinen Spind in der Kabine. Was damit tun? Ich habe bisher noch nicht erlebt, dass sich ein Spieler die Kappen behalten hätte. Normalerweise geben wir die Kappen an den Verein weiter. Der Zeugwart hat damit einige Arbeit, um sie zu waschen, anschließend werden sie für wohltätige Zwecke versteigert oder verschenkt.

Bis zu meiner Verletzung lief heuer überhaupt alles perfekt. Mitte Dezember konnte ich meinem Club sogar ein verfrühtes Weihnachtsgeschenk machen. Im Spiel gegen die New Jersey Devils erzielte ich den 10.000sten Treffer der Vereinsgeschichte. Auch das habe ich zuerst gar nicht mitbekommen, erst als nach dem Spiel die Reporter aus Buffalo auf mich einstürmten, wurde mir das klar. Für mich war es eigentlich ein Treffer wie jeder andere auch, für den Club war es aber etwas ganz Besonderes. Die Sabres haben sich sogar den Puck geschnappt. Ich weiß bis heute nicht, was sie damit gemacht haben. Ich schätze, er wird

Nach einem Hattrick werfen die Fans ihre Kappen aufs Eis.

demnächst einmal eingerahmt und gut geschützt in unserer kleinen, aber feinen Hall of Fame in der HSBC Arena ausgestellt werden.

Die Pausensirene heult zum vierten Mal auf. In der Verlängerung sind keine Tore gefallen. Wir hatten zwar einige gute Chancen, konnten aber keinen Treffer erzielen. Jetzt muss das Penalty-Schießen entscheiden.

Vierte Pause – Lebende Legende

65.00: „This one heats up as we get ready for the shootout."
Rick Jeanneret

Die Halle bebt. Nach der Schlusssirene hat sich Derek Roy noch mit einem Sharks-Spieler angelegt. Die Entscheidung muss jetzt im Penalty-Schießen fallen. Alle wollen den Sieg.

Ich halte es auf meinem Platz nicht mehr aus, hier ist mir jetzt zu viel los. Kurz vor Ende der Verlängerung hatten wir sogar noch ein Powerplay. Bei vier gegen drei eigentlich eine fast todsichere Sache, aber wir haben den Puck einfach nicht im Tor untergebracht. Es ist zum Haareraufen. Und ich sitze im Anzug auf der Tribüne und muss hilflos zusehen.

Ich signalisiere Ashley, dass wir uns nach dem Spiel beim Auto treffen. Ich möchte zu unserem TV-Kommentator zwei Etagen höher. Dort ist es ruhiger und Rick Jeanneret hat etwas Väterliches an sich. Er findet für uns Spieler stets einige aufmunternde Worte. Kein Wunder, er kennt uns seit Jahren, ist bei jedem Auswärtsspiel dabei. Bis zu einem gewissen Grad ist er Teil der Mannschaft, er fährt auch immer mit uns im Mannschaftsbus und sitzt bei Auswärtsspielen im selben Flieger wie wir.

Ich verschwinde durch eine unscheinbare Tür an der Rückseite der Halle und nehme die Stiegen. Kurz darauf betrete ich durch eine Nottür den vierten Stock. Hier haben Zuschauer keinen Zutritt, alles ist viel ruhiger. Ich befinde mich mehr oder weniger direkt unter dem Dach der HSBC Arena. Von hier oben hat man einen gewaltigen Blick auf die Halle und die grell ausgeleuchtete Eisfläche. Neben der offenen Tribüne für die schreibende Presse reihen sich kleine Kabinen für Fernseh- und Radiomoderatoren.

Blick auf die leere Halle, kurz vor Spielbeginn.

Mit Spielbeginn herrscht großartige Stimmung.

Jene in der Mitte ist für „MSG Buffalo“, den Sender, der alle unsere Heimspiele überträgt, reserviert. Die Tür ist offen und ich sehe, dass Rick in der kurzen Pause zwischen Verlängerung und Penalty-Schießen sogar noch Zeit gefunden hat, einem Journalisten ein Interview zu geben. Es ist ein Journalist aus meiner Heimat, der eine größere Geschichte über mich machen will. Mit meiner Verletzung bin ich derzeit keine große Hilfe, was Interviews angeht, also hält er sich an Leute, die mich kennen.

Am Eis bereitet der Zamboni die Eisfläche neu auf, Rick hat aber ständig ein Auge auf der Spieluhr, um seinen Einsatz nach der laufenden Fernsehwerbung nicht zu verpassen. Unsere TV-Legende ist ein Vollprofi und es scheint, als könne er Dutzende Dinge gleichzeitig machen. In aller Seelenruhe beantwortet er die Fragen des Reporters. Gespannt lausche ich der Unterhaltung.

Wie sehen Sie die Entwicklung von Thomas Vanek in den letzten Jahren?

Ich würde ihn als „konstant“ beschreiben. Er hat jedes Jahr circa gleich viel Tore. Er ist ja ein unglaublich guter Torjäger. Heuer führt er die Liga sogar bei den Powerplay-Toren an. Das ist eine großartige Leistung, weil sich das Team als Ganzes immer wieder schwergetan hat im Überzahlspiel. Er hat sich seit seinem Ligadebüt auch defensiv verbessert, aber das ist, glaube ich, ganz normal. Aber: Gerade wenn man offensiv so begabt ist, muss man viel harte Arbeit in sein Defensivverhalten stecken, und das hat er getan.

Sie sagen, er ist „konstant“. Ist das nicht genau das Gegenteil von dem, was sonst gerne über ihn behauptet wird?

Mag schon sein, aber am Ende des Jahres steht er immer mit vielen Toren da. Egal, ob er einen guten oder schlechten Start in die Saison hat, am Ende hat er immer zwischen 35 und 40 Tore. Und irgendwann wird er um die Spitze mitspielen.

Owetschkin herausfordern?

Wenn es um die erzielten Tore geht, dann ja!

Wenn wir schon über Owetschkin reden – beide spielen am linken Flügel, beide sind Torjäger, aber wo ist der Unterschied zwischen dem Russen und Vanek?

Owetschkin ist der auffälligere Spieler, er macht mehr für die Tribüne und ist schneller. Thomas ist intelligenter – ohne Owetschkin jetzt zu nahe treten zu wollen. Thomas' größte Eigenschaft am Eis ist seine Spielintelligenz.

Wie würden Sie diese Spielintelligenz erklären?

Er weiß, wo er am Eis stehen muss, um für einen Pass frei zu stehen. Oder anders: Er hat ein gutes Spiel ohne den Puck. Andere talentierte Spieler tun das nicht so gut wie er. Er ist von diesem Aspekt her sicher einer der besseren Spieler in der Liga.

Hat er die Erwartungen der Sabres nach dem Draft 2003 erfüllt?

Da kann es wohl keinen Zweifel geben. Und Sie sehen, dass er von Jahr zu Jahr besser wird. Thomas hatte einen wunderbaren Start in seine Karriere, aber er ist ja noch ein Baby. Er hat sicher noch einige gute Jahre vor sich und der Club erwartet sich, dass es da noch weiter bergauf gehen wird.

Mit welcher Sabres-Größe würden Sie Vanek vergleichen?

Wenn ich weit zurückgehe, wäre es Rick Martin, er war auch ein toller Torjäger der Sabres, der auf 50 Tore und mehr kam. Ich glaube ganz ehrlich, dass Thomas auch die 50 Tore knacken kann. Und das eher früher als später.

Wird seine Nummer 26 auch einmal „retired" und unterm Hallendach der HSBC Arena hängen?

Kommen Sie in zehn Jahren zurück und fragen Sie mich das dann noch mal. Aber so wie es jetzt läuft? Ja, auf jeden Fall!

Das sind ja schöne Aussichten. Ich falte meine Hände und nicke mit meinem Kopf in die Richtung von Rick Jeanneret. So viel Gutes hat schon lange niemand mehr über mich gesagt und das möchte ich RJ mit meiner Geste zu verstehen geben. Der Reporter aus Österreich schüttelt mir die Hand und verabschiedet sich.

Nummern von legendären Sabres-Spielern der Vergangenheit unter dem Dach der HSBC Arena. Diese Nummern werden an aktuelle Spieler nicht mehr vergeben.

Trotz meiner Verletzung habe ich versucht, ihm so gut wie möglich bei seiner Arbeit zu helfen. Auch das gehört zu meinem Job und die österreichischen Medien sind mir sowieso wichtig. Sie haben die Möglichkeit, Eishockey in Österreich populärer zu machen und es ist mir ein Anliegen, möglichst viele Kinder und Jugendliche in Österreich für diesen Sport zu begeistern.

Die Eismaschine ist mittlerweile mit ihrer Arbeit fertig, die Trainer haben ihre ersten drei Schützen auf einem Zettel notiert und dem Referee übergeben. Ich schlüpfe zu Rick und Harry Neale in die Kommentatorenkabine. Rick klopft mir auf die Schulter, Harry fragt, wie mir das Spiel bisher gefallen hat. Ich nicke.

Das erste Mal, dass ich Rick live kommentieren hörte, war bei einem Testspiel letztes Jahr in Columbus. In diesen „preseason"-Spielen bekommen immer wieder junge Spieler eine Chance, sich zu beweisen. Die routinierteren Spieler dürfen dafür pausieren. Bei diesem Spiel war ich dran. Es hatte mich immer schon interessiert, einmal ein Spiel aus der Perspektive der Kommentatoren mitzuerleben. Also nützte ich diese Chance und schaute mir die Partie gegen die Blue Jackets bei Rick in der Kommentatorenkabine an. Einer Legende wie Rick bei der Arbeit zuzusehen, ist etwas Besonderes. Seit gut 40 Jahren kommentiert er die Spiele der Sabres fürs Radio, seit Mitte der 90er auch fürs Fernsehen. Er kennt jeden Spieler, jede Geschichte, jedes kleine Hintergrunddetail. Dabei verliert er nie die Übersicht, was gerade am Eis los ist, und schafft es gleichzeitig auch noch, Kommentare für die Ewigkeit abzugeben. Einige seiner berühmtesten sind „Lalalalalala-Fontaine“ bei Toren von Pat Lafontaine, einer der Sabres-Allzeitgrößen, oder ein frenetisches „Mayday, mayday, mayday“, als Brad May in den Playoffs ein Overtime-Tor gelang. Für die Fans ist Jeanneret genauso ein Teil des Teams wie wir Spieler. Nicht nur einmal habe ich einen von Jeannerets leidenschaftlichen Kommentaren als Klingelton auf einem Handy gehört.

Einer meiner Freunde daheim in Graz schickte mir vor einem Jahr ein YouTube-Video. „Schau dir das an und hör dir dazu den Kommentar von RJ an“, stand in der E-Mail. Der Link öffnete ein Video aus meinem zweiten Jahr bei den Sabres. Es war ein Spiel gegen die New York Islanders und ich traf damals zum 2:1. An diesen Treffer erinnere ich mich auch noch gerne, denn ich verlud Islanders-Goalie Mike Dunham hinter seinem Tor mit zwei Körpertäuschungen gleich doppelt. Was sich damals am Eis toll anfühlte, machte mit dem Kommentar von Rick noch mehr Spaß: „Thomas Vanek with a roll-reversal behind the net. I'm going this way, he said to Mike Dunham. Haha, no Sir, I'm going the other way! And he pokes it in – 2:1 Buffalo!“

Rick ist so erfahren, dass er meist sogar vor der TV-Zeitlupe erkennt, ob ein Puck unmittelbar vor dem Tor noch von einem anderen Spieler abgefälscht wurde. Man kann es nicht anders sagen: Er ist die Seele der Buffalo Sabres. Und dabei immer am Boden geblieben, ohne Starallüren. Rick hat in seiner langen Karriere alles erlebt: gute Zeiten der Sabres ebenso wie schlechte. Anfang des neuen Jahrtausends ging mein Club bankrott und musste von unserem jetzigen Boss – Tom Golisano, ein Selfmade-Milliardär aus Rochester – vor der Übersiedelung gerettet werden. Rick erlebte, wie Buffalo Ende der 90er-Jahre im Stanley-Cup-Finale gegen Dallas von den Referees vermeintlich um den Sieg gebracht wurde. „No Goal" ist heute noch eine berüchtigte Phrase unter den Anhängern. Was ihm in seiner langen Sammlung fehlt, ist einzig und allein der Gewinn des Stanley Cups. Viel Zeit bleibt wohl nicht, um ihm diesen Triumph noch zu schenken. Er geht langsam auf die 70 zu und ich weiß nicht, wie lange er den anstrengenden Job noch ausüben will.

Triumph

Shootout: „Michalek picks it up at center, comes in on Miller. He took a backhand – MILLER!!! Tosses it off and Buffalo gets a pair!"

Rick Jeanneret

Ich stehe noch immer in der Kommentatorenkabine. Unten am Eis macht sich Aleš Kotalik bereit, den ersten Penalty für uns zu schießen. Jetzt helfen keine Taktik und kein Teamwork mehr. Die Schützen und die Tormänner sind beim Penalty-Schießen auf sich allein gestellt. Mit Aleš haben wir einen der besten Penalty-Schützen der Liga in unseren Reihen. Meistens versucht er es mit seinem Patenttrick: Er fährt ganz knapp an den Tormann, täuscht mit der Vorhand an und jagt den Puck mit der Rückhand unter die Latte. Obwohl die Goalies diesen Trick kennen, fallen sie doch immer wieder darauf rein. Aleš fährt mit dem Puck Richtung Tor, er nimmt Geschwindigkeit auf und schießt. Diesmal hat er auf seinen Haken verzichtet, Sharks-Goalie Nabokow ist aufmerksam und fängt den halbhohen Schuss locker runter.

Alle Augen in der Halle sind nun auf unseren Goalie gerichtet. Ich bin froh, dass wir Ryan Miller im Tor stehen haben. Er ist einer der besten Torhüter der Welt, obwohl er noch relativ jung ist. Ryan wird von Jahr zu Jahr besser und im „Shootout", wie das Penalty-Schießen im Englischen heißt, gehört er weltweit sicher zu den besten drei Tormännern. Die Sharks haben eine interessante Schützenauswahl getroffen. Als Erster darf sich Dan Boyle, ein Verteidiger, probieren. Er fährt auf Miller zu, verzögert und scheitert an unserem Schlussmann. Die Fans jubeln und spenden tosenden Beifall.

Ich bewundere das Zusammenspiel von Rick und Harry, die vor mir sitzen und das Penalty-Schießen kommentieren. RJ immer am Rande des Herzinfarkts, Harry betont gelassen, fast schon stoisch ruhig. Mir geht es eher so wie Rick, ich zapple herum, spiele das Penalty-Schießen selbst in Gedanken durch. Meine Taktik bei so einer Nervenschlacht ist ganz einfach: Ich nehme den Puck an der Mittellinie auf und entscheide erst an der blauen Linie, welchen Move ich mache. Das war bei meinem „Around the World"-Penalty gegen Dominik Hašek so und auch bei meinem Schlagschuss gegen Cristobal Huet.

Ich treffe die Entscheidung so spät wie möglich. Im Gegensatz zum Fußball hat der Tormann im Eishockey viel bessere Chancen, einen Penalty abzuwehren. Erstens, weil das Tor viel kleiner ist,

Hier erziele ich mit dem „Around the World"-Trick gegen Goalie-Legende Dominik Hašek von den Ottawa Senators das entscheidende Penalty-Tor. 4. Februar 2006.

und zweitens, weil er sich am Eis praktisch frei bewegen darf. Ich finde, es schränkt meine Entscheidungsmöglichkeiten zu sehr ein, wenn ich mit einer fixen Vorstellung zu einem Penaltyshot antrete. Ich bin zu einem großen Teil davon abhängig, welche Möglichkeiten mir der Goalie lässt. Kommt er weit aus dem Tor? „Gibt" er mir seine Stockhand? Die Fanghand? Das sind alles Faktoren, die man innerhalb von ein, zwei Sekunden abwägen muss.

Inzwischen haben die nächsten zwei Schützen – Stafford für uns, Pawelski für San Jose – vergeben. „Wenn das so weitergeht, sind wir um Mitternacht noch hier", kommentiert Harry Neale das Geschehen staubtrocken.

Unser nächster Schütze ist Jason Pominville. Er fährt an – und „Pling"! Pommers hat nicht lange gefackelt, schnell mit einem Handgelenkschuss abgezogen und der Puck springt von der Stange ins Tor. „Er hat den Puck extra an die Stange geschossen, damit jeder in der Halle das Tor nicht nur sehen, sondern auch hören kann", lautet der Kommentar der beiden Hockeyexperten vor mir. Man versteht kaum noch sein eigenes Wort, die knapp 19.000 Fans in der Halle machen einen Höllenlärm. 1:0 für uns, der Druck liegt wieder bei den Sharks. So mögen wir das.

Patrick Marleau, der Kapitän der Sharks, tritt gegen Miller an. Der Captain der Sharks ist ein routinierter Spieler, der heuer aber noch keinen einzigen Penalty geschossen hat. Er fährt auf Miller zu, wechselt blitzschnell von der Vorhand auf die Rückhand, wieder retour, nochmals zurück – und verlädt Miller. Marleau hat den Kotalik-Trick angewandt und mit der Rückhand hoch unter die Latte getroffen. 1:1 – alles wieder ausgeglichen.

Als Nächster soll es Derek Roy für uns richten. Er fährt mit großem Tempo auf Nabokow zu, täuscht einmal links an und trifft dann – auch mit der Backhand – unter die Latte. Die Torsirene heult los, die Fans applaudieren, was das Zeug hält. Derek streckt seine Faust aus und fährt unsere Spielerbank entlang, um mit jedem Einzelnen abzuklatschen. Wenn Miller den nächsten Penalty hält, haben wir gewonnen.

Michalek übernimmt die Verantwortung für die Haie aus San Jose. Auch er probiert denselben „Schmäh“ wie zuvor Marleau und Roy. Aber Miller hat darauf gewartet. Unser Goalie fängt den Backhand-Schuss aus der Luft, schmeißt die Scheibe lässig in die Ecke. „Millllerrrrr!“, schreit RJ verzückt ins Mikro. Zu mehr kommen weder RJ noch Miller, denn unser Goalie wird vom eigenen Team unter einer Menschenlawine begraben. Die Fans sind völlig aus dem Häuschen, stehen auf ihren Plätzen und feiern das Team mit Standing Ovations. Was für ein Abend für die Fans, den Trainer, die Spieler – die gesamte Gemeinde von Buffalo.

Knapp drei Stunden ist es her, dass der Hallensprecher um eine Schweigeminute gebeten hat. In den letzten 180 Minuten konnten die Fans in der Halle und an den Fernsehschirmen das Unglück vergessen, verdrängen. Es passiert nicht jeden Abend, dass ein Spiel verläuft, als hätte jemand ein Drehbuch dafür geschrieben. Ein lupenreiner Spannungsbogen: Euphorie, Rückschläge, Zittern, Rettung in letzter Sekunde, schließlich die Erlösung, der große Triumph.

Das Drama in fünf Akten findet hier sein Ende. Es ist Zeit, dass ich mich verabschiede. Ich möchte nach Hause zu meinem Sohn.

Epilog

Dieses Buch erzählt die Geschichte eines Österreichers, der im Alter von 14 Jahren sein Zuhause verließ, um in Nordamerika sein Glück als Eishockeyspieler zu versuchen. Er hat es gefunden, ebenso wie die Liebe seines Lebens, Ehefrau Ashley, die Mutter seines Sohnes Blake Thomas. Am 7. Februar 2009 unterbricht ein Puck, der im Spiel gegen die Senators aus Ottawa seinen rechten Kiefer zertrümmert, jäh den Rhythmus der Saison.

Nicht einmal einen Monat später, am 4. März 2009, kehrt Thomas Vanek mit einem Spezialhelm in die Mannschaft der Buffalo Sabres zurück. Im dritten Spiel nach seinem Comeback, exakt einen Monat nach dem Kieferbruch, gelingt Vanek ausgerechnet in Ottawa wieder der erste Treffer. Bis zum Ende der Saison folgen noch sieben weitere.

Offizielles Gamesheet des Spiels

VISITOR	Game Summary	HOME
5	Friday, February 13, 2009 Attendance 18,690 at HSBC Arena Start 7:38 EST; End 10:58 EST Game 0820 Final	6
SAN JOSE SHARKS Game 53 Away Game 25		BUFFALO SABRES Game 56 Home Game 28

SCORING SUMMARY

G	Per	Time	Str	Team	Goal	Scorer	Assist	Assist	S.J on Ice	BUF on Ice
1	1	6:40	EV	BUF	22	A. Mair (7)	52 C. Rivet (12)	12 A. Kotalik (17)	10, 20, 21, 32, 53, 64	12, 20, 22, 30, 44, 52
2	1	8:53	PP	BUF	6	J. Spacek (4)	19 T. Connolly (11)	29 J. Pominville (31)	10, 12, 20, 39, 44	6, 9, 19, 21, 29, 30
3	1	14:21	PP	BUF	9	D. Roy (20)	21 D. Stafford (20)		4, 14, 19, 20, 44	6, 9, 19, 21, 29, 30
4	1	18:17	PP	S.J	12	P. Marleau (28)	44 M. Vlasic (23)	19 J. Thornton (46)	4, 12, 16, 19, 20, 44	5, 6, 9, 30, 36
5	2	8:27	PP	BUF	12	A. Kotalik (12)	52 C. Rivet (13)	37 M. Ellis (4)	3, 8, 9, 20, 22	12, 30, 37, 42, 52, 55
6	2	9:39	EV	S.J	12	P. Marleau (29)	19 J. Thornton (47)	21 A. Semenov (5)	10, 12, 16, 19, 20, 21	5, 6, 19, 29, 30, 55
7	2	19:08	EV	S.J	22	D. Boyle (14)	19 J. Thornton (48)		3, 14, 19, 20, 22, 32	5, 6, 9, 20, 21, 30
8	3	6:09	PP	S.J	16	D. Setoguchi (23)	22 D. Boyle (28)	19 J. Thornton (49)	10, 12, 16, 19, 20, 22	9, 27, 29, 30, 44
9	3	10:14	EV	S.J	8	J. Pavelski (15)	unassisted		3, 8, 9, 20, 22, 29	12, 20, 22, 30, 34, 52
10	3	19:56	EV	BUF	29	J. Pominville (13)	52 C. Rivet (14)	9 D. Roy (32)	8, 9, 10, 20, 29, 44	9, 19, 29, 34, 52, 55
11	SO			BUF	9	D. Roy				

SAN JOSE SHARKS

BUFFALO SABRES

PENALTY SUMMARY

#	Per	Time	Player		PIM	Penalty
1	1	7:52	4	R. Blake	2	Holding
2	1	12:28	8	J. Pavelski	2	Hooking
3	2	8:23	4	R. Blake	2	Tripping
4	2	10:24	10	C. Ehrhoff	2	Tripping
5	2	16:02	8	J. Pavelski	2	Holding
6	OT	4:34	10	C. Ehrhoff	2	Kneeing
7	OT	5:00	44	M. Vlasic	2	Slashing
				TOT 7-14		

#	Per	Time	Player		PIM	Penalty
1	1	17:00	27	T. Numminen	2	Hooking
2	3	4:34	52	C. Rivet	2	Hi-sticking
				TOT 2-4		

Vaneks NHL-Statistik Grunddurchgang (bis inkl. Ende Saison 2008/09)

Datum	Tore	Assists	Punkte	Gegner	GWG*
Saison 05/06					
05. Okt. 05		1	1	vs. NYI	
07. Okt. 05		1	1	vs. BOS	
13. Okt. 05		2	2	@TBL	
20. Okt. 05		2	2	@BOS	
22. Okt. 05		1	1	vs. NYR	
02. Nov. 05		1	1	vs. OTT	
04. Nov. 05		1	1	vs. MTL	
09. Nov. 05	2	1	3	vs. CAR	
11. Nov. 05	1		1	vs. TOR	
19. Nov. 05		2	2	@BOS	
25. Nov. 05		1	1	vs. MTL	
27. Nov. 05	1		1	@WSH	
04. Dez. 05		1	1	@COL	
08. Dez. 05	1		1	vs. ANA	
11. Dez. 05	1		1	@MIN	
14. Dez. 05	1		1	vs. DAL	
22. Dez. 05	1		1	@FLA	
23. Dez. 05	1		1	@TBL	
26. Dez. 05	1	1	2	vs. NYI	x
29. Dez. 05		1	1	@TOR	
30. Dez. 05	1		1	vs. ATL	x

* game-winning goal

07. Jän. 06	1		1	vs. NJD	
16. Jän. 06		1	1	@EDM	
24. Jän. 06	1		1	@NYR	
26. Jän. 06	2		2	@TOR	
31. Jän. 06	1		1	@ATL	
09. Feb. 06		1	1	vs. MTL	
11. Feb. 06	2		2	vs. FLA	x
01. Mär. 06		1	1	vs. ATL	
03. Mär. 06	1		1	vs. TOR	
07. Mär. 06	1		1	vs. BOS	
09. Mär. 06	1		1	vs. TBL	x
12. Mär. 06	2	1	3	vs. BOS	
22. Mär. 06	1		1	vs. CAR	
29. Mär. 06		1	1	vs. BOS	
08. Apr. 06		2	2	@OTT	
16. Apr. 06	1		1	vs. TOR	
Summe	**25**	**23**	**48**		**4**

Saison 06/07

06. Okt. 06		2	2	vs. MTL	
13. Okt. 06	1		1	@DET	
17. Okt. 06	2	2	4	vs. PHI	
20. Okt. 06	1	1	2	vs. CAR	
21. Okt. 06	1	2	3	@BOS	
23. Okt. 06	1		1	@MTL	
28. Okt. 06	1		1	vs. ATL	
02. Nov. 06		2	2	@BOS	
05. Nov. 06	1		1	@NYR	
10. Nov. 06	2		2	vs. FLA	x
11. Nov. 06		1	1	@PHI	
13. Nov. 06	1	1	2	@CAR	
15. Nov. 06	1		1	vs. OTT	
17. Nov. 06	1		1	vs. PIT	

20. Nov. 06	2		2	vs. TBL	x
22. Nov. 06		2	2	vs. TOR	
26. Nov. 06	1	1	2	@NYR	
01. Dez. 06		1	1	vs. NYR	
02. Dez. 06	1	1	2	@WSH	
09. Dez. 06		1	1	@MTL	
14. Dez. 06	1		1	vs. FLA	
21. Dez. 06		1	1	@NSH	
26. Dez. 06	1		1	vs. WSH	
28. Dez. 06	1		1	vs. CAR	
30. Dez. 06	2	1	3	vs. ATL	
01. Jän. 07		1	1	vs. NYI	
05. Jän. 07		1	1	vs. PIT	
06. Jän. 07		1	1	@TOR	
10. Jän. 07		1	1	@CHI	
11. Jän. 07	1		1	vs. TOR	
17. Jän. 07	1		1	vs. BOS	
19. Jän. 07		1	1	vs. VAN	
20. Jän. 07		1	1	@MTL	
30. Jän. 07	1	1	2	vs. BOS	
06. Feb. 07	1		1	@ATL	
07. Feb. 07	2		2	vs. OTT	x
10. Feb. 07	1		1	vs. CGY	
15. Feb. 07		1	1	vs. EDM	
22. Feb. 07	2		2	vs. OTT	
24. Feb. 07	1	1	2	@OTT	
27. Feb. 07		2	2	@TOR	
02. Mär. 07	2		2	vs. MTL	x
10. Mär. 07		1	1	vs. NJD	
15. Mär. 07		1	1	@FLA	
16. Mär. 07		1	1	@TBL	
18. Mär. 07	1	1	2	@ATL	
21. Mär. 07		2	2	vs. WSH	
23. Mär. 07	2	1	3	vs. TOR	

30. Mär. 07	1	1	2	vs. NYI	
31. Mär. 07	1		1	@MTL	
03. Apr. 07	1	1	2	@PIT	
05. Apr. 07	2	1	3	vs. BOS	x
08. Apr. 07	1	1	2	@PHI	
Summe	43	41	84		5

Saison 07/08

05. Okt. 07	1		1	vs. NYI	
13. Okt. 07		2	2	vs. WSH	
15. Okt. 07	1		1	@TOR	
20. Okt. 07		1	1	@MTL	
26. Okt. 07		1	1	@FLA	
27. Okt. 07	1	1	2	@TBL	x
01. Nov. 07		1	1	@BOS	
02. Nov. 07	1		1	vs. FLA	
16. Nov. 07		2	2	vs. MTL	
21. Nov. 07		2	2	vs. OTT	
23. Nov. 07	1		1	vs. MTL	
24. Nov. 07	1		1	@MTL	x
01. Dez. 07	1		1	vs. CAR	
06. Dez. 07	1		1	@LAK	
08. Dez. 07	1		1	@SJS	
15. Dez. 07	1	1	2	vs. CHI	
22. Dez. 07	1		1	@PHI	
04. Jän. 08		2	2	vs. OTT	
06. Jän. 08	1		1	@ATL	
18. Jän. 08	1	2	3	vs. ATL	
21. Jän. 08		1	1	@PHX	
24. Jän. 08		2	2	@DAL	
30. Jän. 08	1		1	@FLA	x
05. Feb. 08	1		1	@BOS	
08. Feb. 08	1		1	vs. BOS	

10. Feb. 08	1	1	2	vs. FLA	x
12. Feb. 08	3		3	@OTT	x
16. Feb. 08	1		1	@NYR	
17. Feb. 08	1		1	vs. PIT	
20. Feb. 08	3		3	vs. TBL	x
21. Feb. 08	1	2	3	@TOR	x
23. Feb. 08		1	1	vs. NYR	
27. Feb. 08		2	2	vs. NSH	
29. Feb. 08	1	1	2	vs. MTL	
10. Mär. 08	1		1	vs. NYR	
19. Mär. 08	3		3	vs. TBL	x
21. Mär. 08	1		1	vs. TOR	
25. Mär. 08		1	1	vs. OTT	
28. Mär. 08		1	1	vs. MTL	
30. Mär. 08		1	1	vs. BOS	
01. Apr. 08	1		1	@TOR	
05. Apr. 08	3		3	@BOS	x
Summe	**36**	**28**	**64**		**9**

Saison 08/09

10. Okt. 08	1		1	vs. MON	
13. Okt. 08	2		2	@MON	
15. Okt. 08	2		2	@NYR	x
17. Okt. 08	1	2	3	vs. VAN	
18. Okt. 08	1		1	@ATL	
23. Okt. 08	1	1	2	@MIN	
30. Okt. 08	1		1	vs. TBL	
01. Nov. 08	2		2	vs. WSH	x
07. Nov. 08	1		1	vs. ATL	
15. Nov. 08	1		1	@PIT	
19. Nov. 08	2	1	3	@BOS	
26. Nov. 08		1	1	vs. BOS	
28. Nov. 08	1		1	vs. PIT	

29. Nov. 08	2		2	@MON	
06. Dez. 08	1		1	@TBL	
08. Dez. 08	1		1	@PIT	x
10. Dez. 08	2		2	vs. TBL	x
13. Dez. 08	2		2	@NJD	
19. Dez. 08		1	1	vs. LAK	
26. Dez. 08	1		1	@WSH	
27. Dez. 08		1	1	vs. NYI	
01. Jän. 09		2	2	@TOR	
03. Jän. 09	1		1	@BOS	
06. Jän. 09	1	1	2	vs. OTT	
09. Jän. 09		1	1	vs. NYR	
10. Jän. 09		1	1	@DET	
17. Jän. 09		2	2	vs. CAR	
19. Jän. 09	1		1	@FLA	
21. Jän. 09		1	1	@TBL	
27. Jän. 09	1	2	3	@EDM	
28. Jän. 09		1	1	@CGY	
31. Jän. 09		1	1	@PHX	
04. Feb. 09	3	1	4	vs. TOR	
07. Mär. 09	1		1	@OTT	
12. Mär. 09	1		1	vs. FLA	
14. Mär. 09		1	1	vs. ATL	
17. Mär. 09		1	1	@OTT	
20. Mär. 09	1		1	vs. PHI	
21. Mär. 09		1	1	@NYR	
01. Apr. 09	2		2	@ATL	
08. Apr. 09	1		1	@TOR	x
11. Apr. 09	2	1	3	vs. BOS	
Summe	40	24	64		5
GESAMT	**144**	**116**	**260**		**23**

318 Spiele bis Ende der Saison 2008/09

Vaneks NHL-Statistik Playoffs (bis inkl. Ende Saison 2008/09)

Datum	Tore	Assists	Punkte	Gegner	GWG*
Playoffs					
Saison 05/06					
28. Apr. 06	1		1	@PHI	
22. Mai. 06	1		1	@CAR	
Summe	2		2		
Saison 06/07					
14. Apr. 07		1	1	vs. NYI	
16. Apr. 07	1		1	@NYI	
18. Apr. 07	1		1	@NYI	
20. Apr. 07		1	1	vs. NYI	
25. Apr. 07	2		2	vs. NYR	X
27. Apr. 07	1		1	vs. NYR	X
10. Mai 07		1	1	vs. OTT	
12. Mai 07	1		1	vs. OTT	
19. Mai 07		1	1	vs. OTT	
Summe	6	4	10		2
GESAMT	**8**	**4**	**12**		**2**

26 Spiele bis Ende der Saison 2008/09

* game-winning goal

Glossar

All-Star-Game: Wird jedes Jahr – außer in Jahren mit Olympischen Winterspielen – im Jänner ausgetragen. Dabei treffen die besten Spieler der Eastern und Western Conference aufeinander.

Assist: Torvorlage

Assistant Coach: Co-Trainer

Backhand: Schuss mit der Rückhand, also der „verkehrten" Seite

Backup-Goalie: Ersatztormann

Bande: Eingrenzung der Eisfläche

Blaue Linie: Begrenzung des Angriffs-/Verteidigungsdrittels

Bully: Einwurf des Pucks durch den Referee. Dabei stehen die Center-Spieler der beiden Mannschaften einander gegenüber und kämpfen um den Puck.

Center: Mittelstürmer

Check: Angriff gegen den Körper des Gegners

Cross-Check: Der Gegner wird mit dem Stock in beiden Händen regelwidrig gecheckt.

Draft: Veranstaltung nach Ende der Saison, bei der die NHL-Vereine sich die Rechte an den besten Nachwuchstalenten aus aller Welt sichern.

Eastern All Stars: All-Star-Team aus den besten Spielern der 15 Teams der Eastern Conference

Eastern Conference: Wird aus den 15 Clubs im Osten der USA und Kanada gebildet. Der Sieger der Eastern Conference spielt im Stanley-Cup-Finale gegen den Sieger der Western Conference um den Titel.

Eiszeit: Zeit, die ein Spieler pro Match tatsächlich am Eis steht.

Enforcer: Spieler, der in erster Linie dafür zuständig ist, sich mit Spielern anderer Teams Schlägereien zu liefern.

Farmteam: „Zweitmannschaft" jedes NHL-Clubs. Spielt eine Liga tiefer und dient zur Ausbildung der jungen Spieler.

Forechecking: Bereits im gegnerischen Spieldrittel wird Druck auf die puckführende Mannschaft ausgeübt.

Frozen Four: Finalturnier der College-Meisterschaft

Haken: Zurückhalten des Spielers durch das Einhaken mit dem eigenen Schläger.

Hattrick: Drei Tore eines Spielers in einem Spiel. „Natural Hattrick“: Drei Tore eines Spielers in einem Spiel, ohne dass ein anderer Spieler dazwischen einen Treffer erzielt.

Head Coach: Cheftrainer

Kantersieg: Klarer, deutlicher Sieg

Keeper: Tormann

Line-Up: Aufstellung

Lockout: Nach der Saison 2003/04 konnten sich Clubeigentümer und Spielergewerkschaft auf keinen neuen Kollektivvertrag einigen. Daraufhin sperrten die Clubs ihre Spieler in der Saison 2004/05 aus. Zum ersten Mal in der Geschichte der NHL musste eine komplette Saison gestrichen werden.

Move: Trick, Bewegung mit dem Puck

NCAA-Meisterschaft: College-Meisterschaft

One-Timer: Direktabnahme, ähnlich wie im Fußball ein „Volleyschuss“

Overtime: Verlängerung

Parade: Gehaltener Schuss durch einen Tormann

Penalty: Zwei-Minuten-Strafe

Playoffs: Eine NHL-Saison besteht aus 82 Spielen pro Verein im Grunddurchgang oder der „regular season“. Danach qualifizieren sich die jeweils acht besten Teams aus der Eastern und Western Conference für die „post season“ oder „playoffs“. Dort geht es dann im K.-O.-Modus bis zum Stanley-Cup-Finale.

Plus/Minus-Wertung: Zeigt an, bei wie vielen Toren ein Spieler am Eis war. Pluspunkte gibt es für erzielte Tore der eigenen Mannschaft (außer im Powerplay), Minuspunkte für erhaltene Treffer (außer in Unterzahl).

Post Season: siehe „Playoffs“

Powerplay: Spiel mit einem oder zwei Mann mehr, da die gegnerische Mannschaft eine oder mehrere Zwei-Minuten-Strafen, „Penalties“, erhalten hat.

Powerplay-Linie: Aufstellung im Überzahlspiel

Rebound: Abpraller

Rink: Eisfläche bzw. das komplette Spielfeld inklusive Bande usw.

Rookie: Anfänger, Neuling

Schlenzen: Der Puck wird mit einer schiebenden oder schlenkernden Bewegung gespielt.

Scorer-Punkt: Punkt für ein Tor oder einen Assist

Shootout: Penalty-Schießen, Entscheidung, wenn ein Spiel auch nach der Verlängerung noch unentschieden steht.

Shorthander: Tor, das in Unterzahl – also mit einem oder zwei Mann weniger am Eis – erzielt wird.

Stanley Cup: Die Trophäe, um die sich alles dreht. Wird an den Sieger der NHL vergeben.

Starting Five: Jene fünf Spieler, die für ein Team zuerst am Eis stehen.

Time-Out: Jeder Trainer hat pro Spiel ein Mal die Möglichkeit, das Spiel unterbrechen zu lassen, um seiner Mannschaft neue taktische Anweisungen zu geben.

Trade, traden: Spielertausch zwischen zwei Vereinen

Überzahl: siehe „Powerplay"

Unterzahl: Spiel mit einem oder zwei Mann weniger, da ein oder mehrere eigene Spieler eine Zwei-Minuten-Strafe ausgefasst haben.

USHL: High-School-Meisterschaft in den USA

Western Conference: Wird aus den 15 Clubs im Westen der USA und Kanada gebildet. Der Sieger der Western Conference spielt im Stanley-Cup-Finale gegen den Sieger der Eastern Conference um den Titel.

Zamboni: Eisaufbereitungsmaschine

Abbildungsnachweis

AP Photo/Don Heupel: S. 45, 55 oben, 83, 141, 228
AP Photo/Christof Stache: S. 119
AP Photo/Bill Kostroun: S. 135
AP Photo/David Duprey: S. 165, 173, 199, 217, 231
AP Photo/Dawn Villella: S. 171
Bill Wippert/Buffalo Sabres: S. 214
GEPA pictures: S. 18, 24, 39, 47, 60, 62, 68, 85, 86, 110, 117, 134, 158, 163, 167, 176, 181, 195, 220
Privat: S. 17, 27, 55 unten, 72, 91, 95, 112, 138, 154, 169, 182, 186, 187, 189, 190, 223